学ぶ人は、変えてゆく人だ。

目の前にある問題はもちろん、
人生の問いや、
社会の課題を自ら見つけ、
挑み続けるために、人は学ぶ。
「学び」で、
少しずつ世界は変えてゆける。
いつでも、どこでも、誰でも、
学ぶことができる世の中へ。

旺文社

TOEFL® テスト スピーキング問題

3 訂版

島崎 美登里
Paul Wadden
Robert Hilke 著

著者

島崎美登里（しまざき　みどり）

埼玉県立大学名誉教授。コロンビア大学大学院修士課程修了（英語教育学）。『TOEFL ITP® テスト文法問題攻略』（共著，旺文社）等 TOEFL に関する著書を有する。論文に「第二言語によるコミュニケーションに関わる学習者の情意要因」，「英語科指導法に対する学生の意識」，“Developing Vocabulary in a University Reading Class: Autonomous Learning and Multiple Exposures in Context” 他。

Paul Wadden, Ph.D.（ポール・ワーデン）

順天堂大学国際教養学部教授。ヴァーモント大学大学院修了（修辞学）。イリノイ州立大学大学院修了（英米文学博士）。著述家・文学者。ニューヨーク・タイムズ，ウォールストリート・ジャーナル，ワシントン・ポストなど，多数の新聞および雑誌に執筆。著書に A Handbook for Teaching English at Japanese Colleges and Universities (Oxford University Press,1993)，Teaching English at Japanese Universities: A New Handbook (Routledge,2019)，TESOL Quarterly，College Composition，College Literature に掲載の言語教育に関する論文，50冊を超える TOEFL，TOEIC，GRE など，テスト対策教材など多数。

Robert Hilke（ロバート・ヒルキ）

企業研修トレーナー。元国際基督教大学専任講師，カリフォルニア大学大学院修了（言語学）。国際的な大企業向けの研修を年間約 250 日以上行う。1984 年から日本で TOEFL・TOEIC 関連セミナーを続けており，TOEFL テスト・TOEIC テストを数十回受験，その傾向・特徴を分析している。著書に『TOEIC® L&R テスト 直前の技術』（共著，アルク），『頂上制覇 TOEIC® テスト 究極の技術』シリーズ（共著，研究社）他，TOEIC，TOEFL，GRE など，テスト対策の書籍は 100 冊以上。

装丁デザイン	内津剛（及川真咲デザイン事務所）
本文デザイン	尾引美代
英文校閲	五十峰聖
編集協力	日本アイアール株式会社，鹿島由紀子，Michael Joyce
ナレーション	Katie Adler，Greg Dale，Ann Slater，Bill Sullivan
録音	ユニバ合同会社
Web模試制作	有限会社 トピックメーカー
写真提供	株式会社CPI Japan（p. 225，227，249，250）

※本書に掲載されている英文の内容は，最新の情報でないもの，架空のものや事実と異なるものを含んでいます。ご了承ください。

Preface

本書は，皆さんの TOEFL iBT スピーキングセクションの学習をサポートし，TOEFL スコアとスピーキング能力の向上を目指します。試験では 4 種類の問題に短い時間で解答しなければならず，受験者がほとんど練習したことがない問題のため，かなり難易度は高いでしょう。ネイティブスピーカーでも優れた解答をするのは大変です。そこで，スピーキングセクションで良いスコアを取り，スピーキング能力を伸ばすためには，次のような段階的な学習が必要です。

第 1 に，問題傾向と採点基準を知ることが必要です。本書の CHAPTER 1 では，問題の構成，出題形式，評価ポイントなどを解説しています。これらを知ることで，受験対策を考え，学習していくことができます。

第 2 に，各問題の基礎的な答え方を学び，自分で解答し，模範解答と比較することです。CHAPTER 2 では，解答における重要ポイント，重要表現，解答の組み立て方，メモの取り方，自分の解答と良い解答例の比較，解答の改善方法などを各 STEP で学習します。また，発音や文法などに関する重要項目をスピーキング問題に答えながら実践的に学びます。

第 3 に，学習に基づき，Q1～Q 4 まで複数の問題に取り組み，解答することに慣れ，コツをつかむことが必要です。CHAPTER 3 では実戦問題に取り組み，自分の解答と模範解答を比較するとともに，与えられた不十分な解答を改善することにより，解答する力を伸ばします。

第 4 に，模擬問題を用いて，実際の試験と同じような状況で答える練習をすることです。CHAPTER 4 では，実際の試験に近い模擬試験をパソコン上で受けることができます。

本書を使い，系統的に，段階的に，効率よく学習を進めれば，必ずスピーキング能力が伸び，TOEFL iBT のスピーキングセクションのスコアが向上すると確信しています。皆さんの学習が順調に進み，大いに学習成果が上がりますように，心から願っております。

島崎 美登里／ Paul Wadden ／ Robert Hilke

Contents

本書の利用法

本書は，TOEFL 受験に関する Information と，以下の 4 つの CHAPTER から構成されています。付属の音声や Web 模試とともに活用することで，最大限の学習効果が得られるようになっています。

CHAPTER 1 TOEFL スピーキング 傾向と対策

TOEFL iBT テストにおけるスピーキングの出題形式と対策，そしてパソコン画面の操作方法について，それぞれ解説してあります。さらに，英語を話すこと自体にハードルの高さを感じている方のために，特別なアドバイスを掲載しています。まずはここを読み，スピーキングの全体像を知ることから始めましょう。

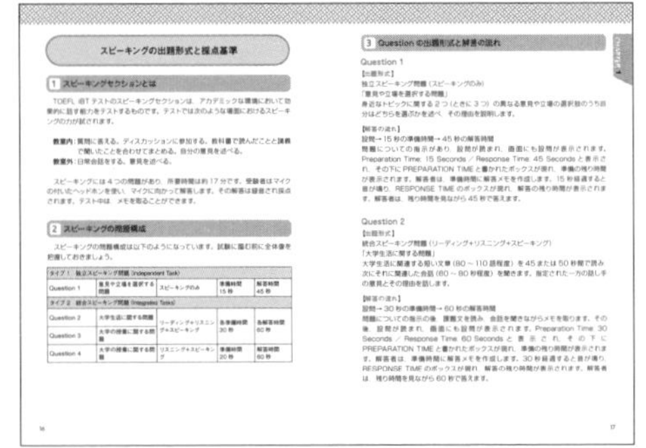

スピーキングの出題形式と採点基準

1 スピーキングセクションとは

2 スピーキングの問題構成

タイプ 1　独立スピーキング問題 (Independent Task)				
Question 1	意見や立場を選択する問題	スピーキングのみ	準備時間 15 秒	解答時間 45 秒
タイプ 2　統合スピーキング問題 (Integrated Tasks)				
Question 2	大学生活に関する問題	リーディング+リスニング+スピーキング	各準備時間 30 秒	各解答時間 60 秒
Question 3	大学の授業に関する問題			
Question 4	大学の授業に関する問題	リスニング+スピーキング	準備時間 20 秒	解答時間 60 秒

3 Question の出題形式と解答の流れ

Question 1

【出題形式】

独立スピーキング問題（スピーキングのみ）

「意見や立場を選択する問題」

【解答の流れ】

設問→ 15 秒の準備時間→ 45 秒の解答時間

Question 2

【出題形式】

統合スピーキング問題（リーディング+リスニング+スピーキング）

「大学生活に関する問題」

【解答の流れ】

設問→ 30 秒の準備時間→ 60 秒の解答時間

CHAPTER 2 基礎学習

13 の STEP を 1 つ 1 つ進めていくことで，スピーキングの基礎学習が完成するようになっています。各 STEP の「学習目標」と「ポイント」で学習する内容を把握したら，それを踏まえた Exercise に取り組み，じっくり実力を養成していきましょう。すべてが終わったときには，スピーキングに必要な基礎知識が確実に身についているはずです。

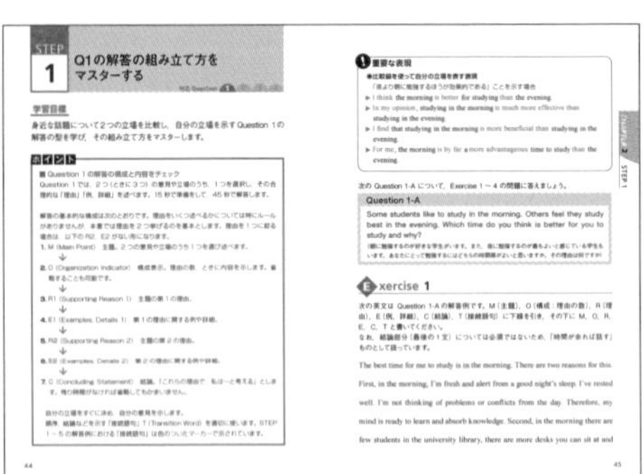

STEP 1 Q1の解答の組み立て方をマスターする

学習目標

身近な話題について2つの立場を比較し，自分の立場を示す Question 1の解答の型を学び，その組み立て方をマスターします。

ポイント

■ Question 1 の解答の構成と内容をチェック

1. M (Main Point)　主題。

2. O (Organization Indicator)　構成表示。

3. R1 (Supporting Reason 1)　主題の第 1 の理由。

4. E1 (Examples, Details 1)　第 1 の理由に関する例や詳細。

5. R2 (Supporting Reason 2)　主題の第 2 の理由。

6. E2 (Examples, Details 2)　第 2 の理由に関する例や詳細。

7. C (Concluding Statement)　結論。

重要な表現

▶ I think the morning is better for studying than the evening.

▶ In my opinion, studying in the morning is much more effective than studying in the evening.

▶ I find that studying in the morning is more beneficial than studying in the evening.

▶ For me, the morning is by far a more advantageous time to study than the evening.

次の Question 1-A について，Exercise 1 ～ 4 の問題に答えましょう。

Question 1-A

Some students like to study in the morning. Others feel they study best in the evening. Which time do you think is better for you to study and why?

Exercise 1

The best time for me to study is in the morning. There are two reasons for this. First, in the morning, I'm fresh and alert from a good night's sleep. I've rested well. I'm not thinking of problems or conflicts from the day. Therefore, my mind is ready to learn and absorb knowledge. Second, in the morning there are few students in the university library, there are more desks you can sit at and

CHAPTER 3 実戦練習

CHAPTER 2 で基礎的な力をつけた後は，実戦形式の練習を重ねてさらに力を伸ばしましょう。ここでは，Question ごとに 3 セットの問題に取り組むことができます。さらに解答解説では，模範的な解答例と改善が必要な不十分な解答例を示しているので，自分の解答と 2 つの解答例を比べて，解答する力を伸ばしましょう。

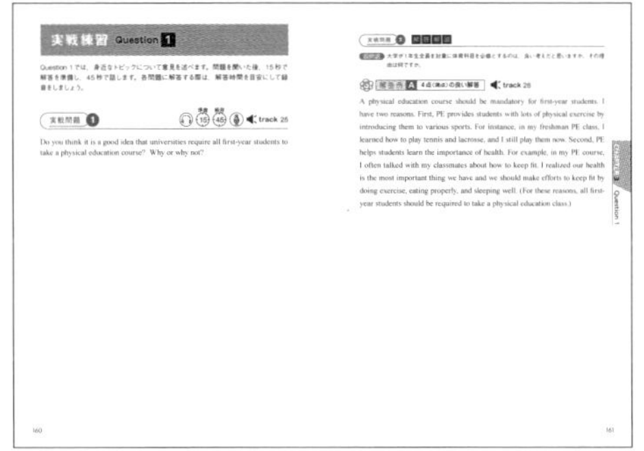

実戦練習 Question 1

Question 1では，身近なトピックについて意見を述べます。問題を聞いた後，15秒で解答を準備し，45秒で話します。各問題に解答する際は，解答時間を目安にして録音をしましょう。

実戦問題 1 track 25

Do you think it is a good idea that universities require all first-year students to take a physical education course? Why or why not?

160

実戦問題 1

大学が1年生全員を対象に体育科目を必修とするのは，良い考えだと思いますか。その理由は何ですか。

解答例 A 4点（満点）の良い解答 track 26

A physical education course should be mandatory for first-year students. I have two reasons. First, PE provides students with lots of physical exercise by introducing them to various sports. For instance, in my freshman PE class, I learned how to play tennis and lacrosse, and I still play them now. Second, PE helps students learn the importance of health. For example, in my PE course, I often talked with my classmates about how to keep fit. I realized our health is the most important thing we have and we should make efforts to keep fit by doing exercise, eating properly, and sleeping well. (For these reasons, all first-year students should be required to take a physical education class.)

CHAPTER 3 Question 1

161

CHAPTER 4 Final Test

最後に，設問形式やレベルなど，実際の試験に限りなく近いスピーキングの問題を 2 セット解き，ここまでに自分が身につけた力を確認しましょう。解答解説では，問題ごとに内容の違う 2 つの模範解答例を掲載しているので，参考にして自分の解答と比較してください。苦手な問題を認識し，試験の準備を万端にしておきましょう。

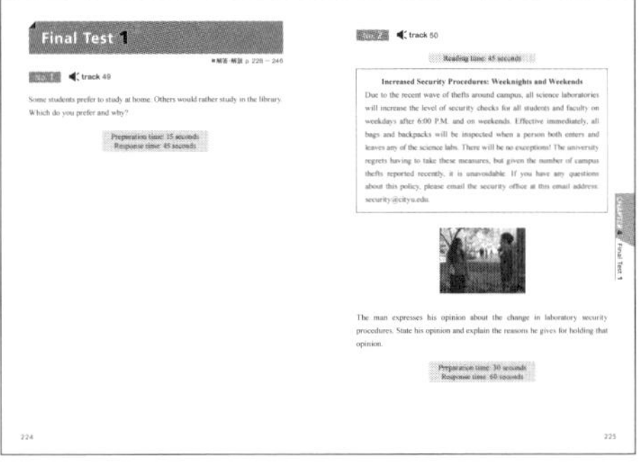

Final Test 1

＊解答・解説 p.228 – 246

No. 1 track 49

Some students prefer to study at home. Others would rather study in the library. Which do you prefer and why?

Preparation time: 15 seconds
Response time: 45 seconds

224

No. 2 track 50

Reading time: 45 seconds

Increased Security Procedures: Weeknights and Weekends

Due to the recent wave of thefts around campus, all science laboratories will increase the level of security checks for all students and faculty on weekdays after 6:00 P.M. and on weekends. Effective immediately, all bags and backpacks will be inspected when a person both enters and leaves any of the science labs. There will be no exceptions! The university regrets having to take these measures, but given the number of campus thefts reported recently, it is unavoidable. If you have any questions about this policy, please email the security office at this email address: security@cityu.edu.

The man expresses his opinion about the change in laboratory security procedures. State his opinion and explain the reasons he gives for holding that opinion.

Preparation time: 30 seconds
Response time: 60 seconds

CHAPTER 4 Final Test 1

225

わからない箇所があれば，何度も復習して理解しましょう。本書を使って最後まで学習すれば，あなたのスピーキングの実力は確実に伸びるはずです。

Web特典について

1 Web模試

▶ 内容

本物のTOEFL iBTに近い操作感で，本書に収録されたFinal Testを受験できます。**TOEFL iBTはPCで行われる試験ですから，事前に試験をPC上で体験しておくことは必須といえます。ぜひご利用ください。**

▶ 利用方法

❶ パソコンから下記URLにアクセスしてください。
https://ttds.obunsha.co.jp/

❷「旺文社のWeb特典を利用する」から，「Web模試」を選択してください。

❸ 初めてアクセスした際，メールアドレスによって新しくアカウントを登録するか，またはお持ちのSNSアカウントでログインすることができます。新しくアカウントを作成する場合は，「新規アカウント作成」ボタンをクリックし，画面の指示に従ってください。

❹ 表示された「学習メニュー」最下部にある「新規模試追加」ボタンをクリックし，新規教材登録をしてください。画面の指示に従い，以下の模試受験コードを入力し，「送信」ボタンをクリックしてください。

模試受験コード：4026

❺ 画面の指示に従って「学習メニュー」に戻ると,「学習コース」に模試が追加されています。受験したい模試の「START」ボタンをクリックし，模試を開始してください。

▶ 推奨動作環境

対応OS： Windows OS および Mac OS
※スマートフォンやiPad等ではご利用いただけません。

ブラウザ： ［Windows OSの場合］ 最新バージョンのEdge, Google Chrome およびFirefox
［Mac OSの場合］ 最新バージョンの Google Chrome, Firefox およびSafari
※ただしSafariでは録音機能をご利用いただけません。

インターネット環境： ブロードバンド
画面解像度： 1024x768 以上

▶注意

- ご利用のパソコンの動作や使用方法に関するご質問は，各メーカーまたは販売店様にお問い合わせください。
- このWeb模試サービスの使用により生じた，いかなる事態にも一切責任は負いかねます。
- 本サービスは予告なく終了することがあります。
- Web模試サービスに関してお困りの点がありましたら，Web模試サイト内よりお問い合わせください。

2 PC用ダウンロードコンテンツ

▶内容

- 本書の音声 ※音声を聞く方法はダウンロード以外にもあります。p. 10をご覧ください。

▶利用方法

❶ p. 8の「利用方法」の❷で「旺文社のWeb特典を利用する」から「音声などのダウンロード」を選択し，本書をクリックしてください。

❷ 画面の指示に従って下記パスワードを入力し，ログインしてください。

パスワード：rpts2023 （※すべて半角，アルファベットは小文字）

❸ 利用したいコンテンツの「ダウンロード」ボタンをクリックし，ダウンロードしてください。

❹ ダウンロードしたファイルはZIPファイル形式で圧縮されています。ファイルを展開［解凍］して，コンテンツをご利用ください。パソコン以外の機器には対応していません。

▶注意

- 音声はMP3ファイル形式となっています。ご利用の際にはMP3を再生できる機器・ソフトウェアが必要です。
- ご使用機器，音声再生ソフトなどに関する技術的なご質問は，ハードメーカーもしくはソフトメーカーにお願いいたします。
- 本サービスは予告なく終了することがあります。

音声について

本書に付属の音声は，以下２つの形のいずれかでご利用いただけます。Web模試（p. ８参照）をご利用いただく場合は，音声は自動的に流れます。

旺文社リスニングアプリ「英語の友」（iOS/Android）

❶「英語の友」公式サイトより，アプリをインストールしてください。
https://eigonotomo.com/

❷ アプリ内のライブラリより本書を選び，「追加」ボタンを押してください。

※本アプリの機能の一部は有料ですが，本書の音声は無料でお聞きいただけます。
※アプリの詳しいご利用方法は「英語の友」公式サイト，あるいはアプリ内のヘルプをご参照ください。
※本サービスは予告なく終了することがあります。

MP3ファイルのダウンロード

前ページ「Web特典について」の **２ PC 用ダウンロードコンテンツ** をご覧ください。

▶ 音声の構成

トラック番号	内容
01	CHAPTER 1
02 ～ 24	CHAPTER 2 基礎学習　STEP 4，6 ～ 13
25 ～ 30	CHPTAER 3 実戦練習　Question 1
31 ～ 36	CHPTAER 3 実戦練習　Question 2
37 ～ 42	CHPTAER 3 実戦練習　Question 3
43 ～ 48	CHPTAER 3 実戦練習　Question 4
49 ～ 56	CHAPTER 4 Final Test 1　Questions ／解答解説
57 ～ 64	CHAPTER 4 Final Test 2　Questions ／解答解説

▶ 音声の利用法

- Question 2，3 のリーディング用の時間は音声の中に用意されていますので，そのまま再生してください。
- 解答にあたっての準備時間と解答時間は用意されていませんので，ピーという音が聞こえたら音声を一時停止して，自分で計測して解答してください。

留学準備をはじめよう！

留学には，いくつも方法があります。大学生で，所属している大学に留学関係の部署がある場合は，まずそこに相談しましょう。交換留学や語学研修のプログラムがあれば，申し込み方法を詳しく教えてもらえます。そういった環境がない場合には，書籍やインターネットを通じて自分で情報収集をしたり，日米教育委員会やBritish Councilといった公的機関，留学予備校などに相談したりするとよいでしょう。英語力の向上をメインとした語学留学には高い語学力は求められませんが，大学への入学やMBA取得などを目指す場合は，SAT，GMATといった他の試験のスコアも必要で，出願書類の作成にも時間がかかります。

留学を目指すにあたり，まずは必要なスコアを提出しなければならない時期を確認して，それに間に合うようにTOEFLテストを受験する計画を立てましょう。計画の立て方も人それぞれですので，以下の２例を参考にしてください。

Aさん 行きたい大学のスコアが高い！

Aさんは必要なスコアが100点と高いので，十分な準備が必要と考え，1年間の準備期間を設定しました。また，1回で必要なスコアが取れない場合を考慮して，2～3回受験する前提で，できるだけ早めに学習を進めるようにしました。

まず問題を解いてみて現在の自分の実力を確認し，もう少し語彙力があればより余裕を持って解くことができると考えたので，早い段階で語彙対策を始めました。各セクションの対策では，不安のあるライティングに特に注力しましたが，それ以外のセクションも，できるだけ時間をかけて取り組みました。

1回目では苦手なライティングが足を引っ張り，わずかに100点に届かず悔しい思いをしましたが，2回目では対策のかいもあって無事に100点を取ることができ，希望の大学に留学することができました。

Bさん 行きたい大学は1つだけではない！

Bさんはいくつか行きたい大学の候補があり，80点で行ける大学もあれば，100点を取らないと行けない大学もありました。大学生活が忙しかったこともあり，無理に100点を目指さず，期間は半年間に絞って対策をしました。

まず試験を解いてみて，80点まではあと少しだと感じたので，得意なリーディングをさらに伸ばすことに特に注力しました。苦手なリスニングやスピーキングは，可能な範囲で学習し，当初よりも少しだけスコアを上げることができたので，それでよしとしました。

時間的に余裕がなくて1回しか受験ができず，100点は取れませんでしたが，80点はなんとか超えることができました。80点で行ける大学にも行きたい気持ちは強かったので，そこへ留学することができて，満足でした。

TOEFL® テスト Information

※すべて2023年1月現在の情報です。最新の情報はp.13にあるTOEFL® テスト公式ウェブサイト等でご確認ください。また，旺文社TOEFLテスト大戦略シリーズのウェブサイト（p. 8参照）でも，試験の情報や申し込み方法を掲載していますのでご確認ください。

TOEFLテストとは？

TOEFLテストとは，主に北米，イギリス，オーストラリアなど英語圏をはじめとして世界中の大学・機関で活用されている，英語を母語としない人を対象に実施される英語能力試験のことです。この試験は，アメリカの非営利教育機関であるETSによって運営されています。日本では主に2006年7月より導入されたTOEFL iBT® テストが実施されています。

TOEFL iBTテストの構成

TOEFL iBTテストの構成は以下のようになっています。問題数によって，解答時間（下記の時間は各セクションの所要時間）は変化しますが，その問題数は各セクション開始時にコンピュータの画面上に表示されます。

Reading	3-4 パッセージ	54-72分
Listening	2-3 会話／3-4 講義	41-57分
Break		10分
Speaking	4問	17分
Writing	2問	50分

TOEFL iBTテストのスコア

スコアの配点は，右の表のようになっています。スコアはETS公式サイト上で確認でき，希望者には印刷されたスコアが後日ETSより送付されます。なお，TOEFLテストのスコアは受験日から2年間有効とされています。

セクション	配点
Reading	0-30
Listening	0-30
Speaking	0-30
Writing	0-30
TOTAL	0-120

受験料

US$245　※試験直前の申し込みでは追加料金がかかります。

申し込み方法

まずは以下の ETS Japan または ETS の TOEFL テスト公式ウェブサイトにアクセスし，試験の最新情報を確認した上で，ETS の TOEFL テスト公式ウェブサイトから申し込みましょう。

■ TOEFL iBTテスト全般の情報について

ETS Japan合同会社　TOEFLテスト日本事務局

https://www.toefl-ibt.jp/

■ ETSによるTOEFLテスト公式ウェブサイト

https://www.ets.org/toefl/

■ ETSアカウント新規作成・ログイン

受験申し込み，テスト日程･会場，空席の検索，無料のテスト対策教材，受験後のスコア確認，スコア送付依頼

https://www.ets.org/mytoefl/

■ TOEFL iBTテストに関するお問い合わせ

プロメトリック株式会社 RRC 予約センター

http://www.prometric-jp.com/

その他の受験形式

■ 自宅受験 TOEFL iBT® テスト「TOEFL iBT® Home Edition」

2020 年 4 月より，自宅受験 TOEFL iBT Home Edition が始まりました。自宅の慣れた環境で受験できるメリットがありますが，使用機器や環境などに制約があります。留学を希望する大学がこの試験を受け入れている場合は，公式サイト等で詳細を確認した上で，受験を検討するとよいでしょう。

■ 自宅受験 TOEFL® Essentials™ テスト

2021 年 8 月より，TOEFL Essentials テストという新しい試験が始まりました。自宅受験のみ行われます。アカデミックな内容だけでなく日常生活の内容が出題されるなど TOEFL iBT テストとは試験内容が異なり，より短い時間で試験が終了します。留学を希望する大学がこの試験を受け入れている場合は，公式サイト等で詳細を確認した上で，受験を検討するとよいでしょう。

CHAPTER 1

TOEFL スピーキング 傾向と対策

スピーキングの出題形式と採点基準

1 スピーキングセクションとは

TOEFL iBT テストのスピーキングセクションは，アカデミックな環境において効果的に話す能力をテストするものです。テストでは次のような場面におけるスピーキングの力が試されます。

教室内：質問に答える。ディスカッションに参加する。教科書で読んだことと講義で聞いたことを合わせてまとめる。自分の意見を述べる。
教室外：日常会話をする。意見を述べる。

スピーキングには 4 つの問題があり，所要時間は約 17 分です。受験者はマイクの付いたヘッドホンを使い，マイクに向かって解答します。その解答は録音され採点されます。テスト中は，メモを取ることができます。

2 スピーキングの問題構成

スピーキングの問題構成は以下のようになっています。試験に臨む前に全体像を把握しておきましょう。

タイプ 1　独立スピーキング問題 (Independent Task)				
Question 1	意見や立場を選択する問題	スピーキングのみ	準備時間 15 秒	解答時間 45 秒
タイプ 2　統合スピーキング問題 (Integrated Tasks)				
Question 2	大学生活に関する問題	リーディング＋リスニング＋スピーキング	各準備時間 30 秒	各解答時間 60 秒
Question 3	大学の授業に関する問題			
Question 4	大学の授業に関する問題	リスニング＋スピーキング	準備時間 20 秒	解答時間 60 秒

3 Questionの出題形式と解答の流れ

Question 1

【出題形式】

独立スピーキング問題（スピーキングのみ）

「意見や立場を選択する問題」

身近なトピックに関する2つ（ときに3つ）の異なる意見や立場の選択肢のうち自分はどちらを選ぶかを述べ，その理由を説明します。

【解答の流れ】

設問→15秒の準備時間→45秒の解答時間

問題についての指示があり，設問が読まれ，画面にも設問が表示されます。Preparation Time: 15 Seconds ／ Response Time: 45 Secondsと表示され，その下にPREPARATION TIMEと書かれたボックスが現れ，準備の残り時間が表示されます。解答者は，準備時間に解答メモを作成します。15秒経過すると音が鳴り，RESPONSE TIMEのボックスが現れ，解答の残り時間が表示されます。解答者は，残り時間を見ながら45秒で答えます。

Question 2

【出題形式】

統合スピーキング問題（リーディング+リスニング+スピーキング）

「大学生活に関する問題」

大学生活に関連する短い文章（80～110語程度）を45または50秒間で読み，次にそれに関連した会話（60～80秒程度）を聞きます。指定された一方の話し手の意見とその理由を話します。

【解答の流れ】

設問→30秒の準備時間→60秒の解答時間

問題についての指示の後，課題文を読み，会話を聞きながらメモを取ります。その後，設問が読まれ，画面にも設問が表示されます。Preparation Time: 30 Seconds ／ Response Time: 60 Secondsと表示され，その下にPREPARATION TIMEと書かれたボックスが現れ，準備の残り時間が表示されます。解答者は，準備時間に解答メモを作成します。30秒経過すると音が鳴り，RESPONSE TIMEのボックスが現れ，解答の残り時間が表示されます。解答者は，残り時間を見ながら60秒で答えます。

Question 3

【出題形式】

統合スピーキング問題（リーディング+リスニング+スピーキング）

「大学の授業に関する問題」

アカデミックなトピックに関する短い文章（80 ～ 110 語程度）を 45 または 50 秒間で読み，次にそれに関連した講義（60 ～ 90 秒程度）を聞きます。読んだ文章と講義を関連づけて要点を話します。

【解答の流れ】

設問→ 30 秒の準備時間→ 60 秒の解答時間

問題についての指示の後，課題文を読み，講義を聞きながらメモを取ります。その後，設問が読まれ，画面にも設問が表示されます。Preparation Time: 30 Seconds ／ Response Time: 60 Seconds と表示され，その下に PREPARATION TIME と書かれたボックスが現れ，準備の残り時間が表示されます。解答者は，準備時間に解答メモを作成します。30 秒経過すると音が鳴り，RESPONSE TIME のボックスが現れ，解答の残り時間が表示されます。解答者は，残り時間を見ながら 60 秒で答えます。

Question 4

【出題形式】

統合スピーキング問題（リスニング+スピーキング）

「大学の授業に関する問題」

ある用語や概念とその例などに関する講義の一部（90 ～ 120 秒程度）を聞きます。講義の内容を要約します。

【解答の流れ】

設問→ 20 秒の準備時間→ 60 秒の解答時間

問題についての指示の後，講義を聞きながらメモを取ります。その後，設問が読まれ，画面にも設問が表示されます。Preparation Time: 20 Seconds ／ Response Time: 60 Seconds と表示され，その下に PREPARATION TIME と書かれたボックスが現れ，準備の残り時間が表示されます。解答者は，準備時間に解答メモを作成します。20 秒経過すると音が鳴り，RESPONSE TIME のボックスが現れ，解答の残り時間が表示されます。解答者は，残り時間を見ながら 60 秒で答えます。

4 解答の 3 つの評価ポイント

解答は，次の 3 つの評価ポイントにより，0 ～ 4 点で評価されます。

❶ 話し方 (Delivery)

答えは明瞭で流暢か。また，発音，イントネーションは正しく，速度は適切か。

【注意点】小さな声であいまいに発音せず，大きな声ではっきりと聞き取りやすいように話します。個々の語の発音だけではなく，文のイントネーションや全体の速度やリズムも意識して話します。

❷ 言葉の使い方 (Language Use)

語彙，文法の使用は正しく効果的か。

【注意点】語や文法の間違いをしないように気をつけながら話します。普段からよく練習し，なるべく意識しなくても正確な語彙・文法を使えるようにしておきます。

❸ トピックの展開 (Topic Development)

設問に十分に答え，明瞭に考えを述べ，ある考えと他の考えを関連づけて論理的に展開し，首尾一貫しているか。

【注意点】しっかりした解答のアウトラインを作り，それに沿って話します。話している内容が問題の解答になっているかチェックします。

スピーキングの対策

1 出題形式をよく知った上で，自分でも問題を作ってみよう

出題形式をしっかり理解し覚えておくことにより，試験の際に指示文を素早く読め，残った時間を解答準備に充てることができます。

また，本書掲載の問題の他に，自分でも問題を作り，解答の練習をしておくと，問題形式や内容の熟知につながり，いろいろな問題に対応できるようになります。例えば，Question 1では，身近な話題で「AとBのどちらに賛成か」などの問題を作り，時間を見ながら解答してみます。また，Question 2～4では，大学生活やアカデミックな内容に関する話題のリーディング資料およびリスニング資料をインターネットなどで探して，要約したり，意見を述べたりします。

2 基本的な構成要素を用いて解答を論理的に構成する練習をしよう

明瞭でわかりやすい構成にするために，基本的な構成要素を次の順で組み立てて解答する練習を数多く行います。

(1) Main Point (M)「主題」
問題に対する主な解答を最初に示します。

(2) Organization Indicator (O)「構成表示：理由の数」
解答における理由や要点の数を示します（ときに省略されます）。

(3) Supporting Reasons (R)「主題を支える理由」
主題に対する理由を示します。Question 3，4ではSupporting Reasons/Points（理由／ポイント）とします。

(4) Examples, Details (E)「例，詳細」
理由や要点に関する例や詳細を示します。

(5) Concluding Statement (C)「結論」
主題を言い換えるなどして，結論を示します（ときに省略されます）。

また Transition Word (T)「接続語句」は，文のつながりや全体の構成を表すときに使われ，重要な役割を果たします。機能別に分け，グループごとに覚えて，接続語句の効果的な使い方を身につけるよう練習します。

3 メモの取り方を練習しよう

いかにわかりやすく効率的なメモを取るかが，解答の良し悪しを決める1つの重要なポイントになります。まず，全体の構成を考えて，メモを書く場所の配置に注意します。左端から重要な点を書き，その理由や例，詳細を少しずつずらして左側にスペースをとって書きます。そうすることで，重要な点とそれを支持する点の関係が一目瞭然になります。Question 2，3 では読んだ文章のメモは左半分，聞いた会話や講義のメモは右半分に取り，左右で見比べられるようにします。さらに，students は ss や s，woman は w と表すなど，自分なりに語の短縮した形での書き方を工夫して，話し手の速度に対応できるようにします。

4 時間の感覚を磨き，準備時間と解答時間をうまく使おう

スマートフォンのストップウォッチ機能などを使い繰り返し練習することで，時間の感覚を磨き，時間を有効に使い，時間内に準備や解答をすることができるようになります。Question 1 の準備時間には，解答における重要な語を短縮した形で書き，アウトラインを作ります。Question 2 ～ 4 の準備時間には，課題文を読んだり会話・講義を聞いたりしてすでに作成したメモに，重要語を加え，ポイントに下線を引き，項目の関連を示す線を引くなどしておくとよいでしょう。

解答時間を浪費しないために，まず頻繁に使われる重要な定型表現を身につけます。例えば，対比，支持，結論を表す表現などを覚えて練習しておくと，必要なときに自然に口から出てくるようになり，効率良く解答できるようになります。

また，自分の話す速度を意識して，時間内に話せる量を把握しておき，時間配分を工夫します。例えば，理由を 2 つ挙げる場合，その例や詳細を 2 つ同等に説明する時間がないときは，2 つ目の例や詳細を簡単にすることも考え，臨機応変に対応しましょう。ただし，時間内にきれいに話し終えようとするあまり時間を余らせてしまうよりは，時間ぎりぎりまでできるだけ多くの内容を話すことが重要です。

5 語彙を増強しよう

語彙を増やすには，まず「読んで理解できるが話すときに使えない単語」をスピーキングでも使えるようにします。例えば，そのような語を含んだ英文の音読や英文作成をします。次に，大学のホームページやお知らせから大学関連トピックの記事を選び，また大学の教科書から講義でも取り上げられるような箇所を選び，それらを読み，要約し意見を述べます。これらは語彙の増強につながるでしょう。

6 文法や語法の確認をしよう

スピーキング問題に解答した後，文法や語法であいまいな点があれば，文法書や辞書で確認しておきます。また本書の「改善が必要な解答」（次項参照）を見て，日本人学習者が間違いやすい箇所をチェックします。これらの方法により，解答する際に文法や語法で減点されることを極力少なくすることができます。

7 解答例から学び，自分の解答を評価しよう

本書の CHAPTER 3 実戦練習で示した「良い解答」「改善が必要な解答」の例と自分の解答を比較して，自分の解答を評価することが大切です。「良い解答」では，明確な構成，解答の一貫性，正しい文法や語彙の用例を参考にすることができます。また「改善が必要な解答」をいかに良くするかを考えることにより，自分の解答の改善の方法を見つけることができます。末尾の「解答チェック！」も活用して自分の解答を分析してください。自分の解答を録音して聞き，自己評価をして改善すべき点を挙げてみましょう。このプロセスを数回繰り返し，解答が改善されたことを実感すると，さらに勉強への意欲が高まります。自分の解答の問題点のみ注目するのではなく，段階的に改善される様子を認識することが重要です。

Q:

「試験直前なのに，十分な準備ができていません。本書の解答例と比べると，自分の答えはとても劣っていて，どうしたらよいかわかりません」

アドバイス：

①まず，本書の良い解答例はレベルの高い解答ですので，これと同じようにできなくてもがっかりする必要はありません。レベルの高い解答を提示したのは，良い構成や語彙・構文の使い方を学習者に伝えるためです。解答例から少しでも学び，自分の解答を向上させる努力を積み重ねることが大切です。

②短時間でも英語運用能力を向上させることは可能です。あきらめずに，再度本書に取り組んでみましょう。1 回目よりは 2 回目が，2 回目より 3 回目がよりやさしく，スムーズに解答できていると感じるはずです。特に，自分が不得手と感じる箇所から取り組むことです。

③試験日までの日々の勉強の予定を立てて，集中できる環境で問題に取り組んでください。また，多くの受験者にとって，録音して自分の声を聞くことはあまり心地良いことではありませんが，自分の解答を分析することは改善には不可欠です。

Q:

「試験中にあがってしまいます。声が震え，同じことを繰り返してしまい，うまく答えられません」

アドバイス：

誰もが同じようにあがり，ストレスを感じます。ごく自然なことです。次のことをすれば，少しはストレスが軽減されるでしょう。

①いすに深く座り，背筋を伸ばして胸を張ります。話すときにメモやノートを手に持ち，下に向かって話さずに前に向かって話します。それによって大きな声ではっきり話すことができます。

②話し始める前に深呼吸をします。のどが渇いてきたらつばを飲み込みます。あがってきたことがわかったら，慌てずに冷静に受け止め，「やっぱり，このような状況ではあがるものなのだ。その中で精いっぱいやってみよう」と考えます。

③本書を使って練習してきたこと，出題形式や傾向は理解していることを思い出して，自信と落ち着きを取り戻しましょう。

p. 28 からは，「そもそも話すことに対する苦手意識がある！」という受験者のためのアドバイスを掲載しています。ぜひあわせてご覧ください。

パソコン上の操作方法

以下は実際の試験における操作方法です。本書で利用できるWeb模試も同様で，掲載している画像はWeb模試のものです。

ここでは「統合スピーキング問題」Integrated Tasks のうち，No. 2，3（リーディング＋リスニング＋スピーキング）を例に操作方法を説明します。No. 4（リスニング＋スピーキング）の手順は次のページの②以降，「独立スピーキング問題」Independent Task (No. 1) の手順は次のページの③のみとなります（各設問の形式に関する説明はp. 16～18をご覧ください）。

1 リーディング

画面に短いパッセージと制限時間が表示されます。制限時間になると自動的にリスニングに進みます。

※画像はすべて，実際の画面とは異なることがあります。

2 リスニング

画面には会話か講義の様子が表示され，リーディングと同じテーマでの会話か講義が流れます。

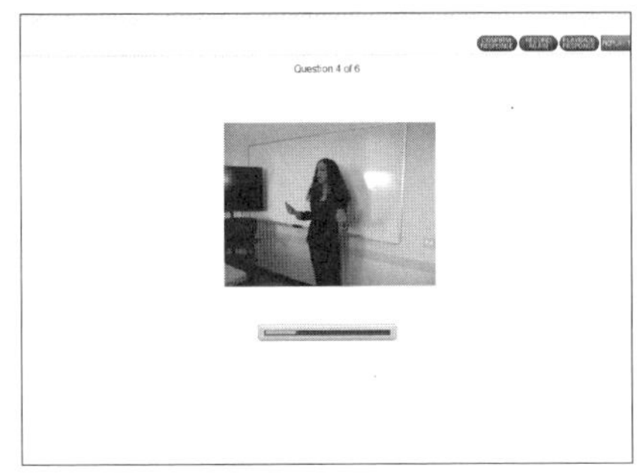

3 スピーキング

画面に質問と準備時間，解答時間が表示されます。準備時間が終了すると合図がありますのでスピーキングを開始します。準備時間，解答時間ともに，残り時間が画面に表示されます。

その他の注意点

最後に，受験を検討する上で知っておくべき点をいくつか確認しておきましょう。

1 MyBest スコア

2019 年 8 月から，各回のスコアの他に「MyBest スコア」と呼ばれるスコアも成績に表示されるようになりました。これは，過去 2 年以内に複数回受験した場合，そのうちの 1 回だけを利用するのではなく，セクションごとにいちばん良かった回を組み合わせることができる，という制度です。以下の例を見てみましょう。

	1 回目の受験	2 回目の受験	MyBest スコア
リーディング	**25**	20	**25**
リスニング	20	**22**	**22**
スピーキング	15	**18**	**18**
ライティング	20	**22**	**22**
合計	80	82	**87**

過去に複数回受験したうちの 1 回しかスコアを提出できないのであれば，合計スコアがいちばん高い 2 回目を提出することになりますが，2 回目よりも良かった 1 回目のリーディングのスコアは活用できません。

一方，MyBest スコアを利用すれば，リーディングはいちばん良かった 1 回目，それ以外はいちばん良かった 2 回目のスコアを利用して，合計 87 点とすることができます。

ただし，この MyBest スコアを利用できるかどうかは留学先の大学などの判断によります。利用できるかどうか，必ず確認してから提出するようにしましょう。

2 TOEFL iBT Home Edition

TOEFL iBT テストでは，会場で受験する形に加えて，自宅でも受験することが可能です。TOEFL iBT Home Edition と呼ばれています。

出題形式は会場受験とまったく同じです。感染症予防などのために外出を避けることができるだけでなく，自宅の慣れた環境で，周囲から聞こえるスピーキングの声に惑わされずに受験できるというメリットがあります。受験の際は，会場受験と同じく ETS の公式サイトから申し込みます。

ただし，いくつか注意すべき点があります。まず，留学先の大学などが Home Edition のスコアを受け入れていない場合があります。スコアが受け入れられているか，必ず確認してから受験をしましょう。

また，使用できる機器や受験環境に制約があるので，必ず事前に TOEFL テスト公式サイト等を確認しましょう。例えば，会場受験では紙に鉛筆でメモを取りますが，自宅受験ではそれができず，メモに使えるものが決まっています。机や服装などにも制約があります。

最後に，インターネットを使用するという性質上，技術的なトラブルなどが起こることがあります。場合によっては，試験中に試験監督者とやりとりすることになったり，試験が中止になってしまったりする可能性もあります。そういったことも想定して，必要なスコアを提出する締め切りの直前に受験するのは避け，できるだけ余裕をもって受験するよう心がけましょう。

ABC スピーキング力を伸ばそう！

著者からのアドバイス

ここでは，TOEFL iBT スピーキングセクションだけでなく，その前後の学習，留学生活，仕事なども視野に入れた英語のスピーキングに関わるアドバイスを列挙します。

英語に対する考え方をチェックしよう！

まず 1 つ質問に答えてください。「パソコンで，表計算ソフトのエクセル（Microsoft Excel）は使えますか？」

多くの方の答えは「はい」だと思います。それでは次の質問に答えてください。「あなたはエクセルのすべての機能を使いこなせる専門家ですか？」

これまでに数千人の学生やセミナー参加者にこの質問をしたところ，「はい」と答えたのは 1%未満でした。実際ほとんどの人は「ある程度使える」といった状況で，わからないことがあれば，先輩に聞いたり自分で調べたりして，疑問を解決しながらなんとか使っているのだろうと思います。うまく使えないことがあっても，パニックになって「なぜこのセルの色が突然変わったのかさっぱりわからない！」「うまく使えないから，もうシャットダウンして使うのをあきらめる！」とはならないでしょう。エクセルは，学校の課題や仕事をするのに必要な「ツール」で，専門家のように完璧に使いこなせる必要はないのです。

同じように，**英語も「ツール」です。コミュニケーションを図るのに完璧である必要はありません。**「100%使いこなせないと落ち着かない」「皆の前で文法のミスをしたくない」「目立ちたくないから黙っていよう」という考えは捨ててください。遠慮をせずに英語というツールを使っていきましょう。

英語学習者には次のような考えを持つ人がいます。

> 英語をうまく使えないのは語彙が足りないからです。文法も上手に使えません。もっと勉強すれば，いつか英語をうまく使えるようになるでしょうが，まだそこには至っていません。相手の言っていることがわからないとき，話を遮ってもう一度言ってくれるよう頼んだりしたら，失礼ですよね。私の下手な英語でうまく意思疎通ができなくて，他の人に迷惑をかけたくありません。ですから，よくわからない場合は，うなずいて静かにしておくほうが安全です。

しかし，次のように考える学習者もいます。

「自分が使える英語だけ使います。文法的に正確かどうかについてはあまり心配しません。伝えようとしているメッセージを相手が理解できれば，それで十分です。相手の言ったことがわからなければ，どんどん聞きます。結局のところ，**目的はコミュニケーションです。**コミュニケーションがとれれば，自分の英語が完璧である必要はないですよね。」

前者のような態度を Learner Mindset，後者を User Mindset と呼ぶことができます。後者のように，英語はコミュニケーションのツールと考えて，**内容を伝達することを重視してコミュニケーションを図ることが大切です。**

もちろん，長期的には，英語の全体的なレベルアップをしていくことが必要です。また，TOEFL スピーキングセクションの目標スコアが満点である場合には，正確で適切な文法，語彙，構成，発音が求められます。しかし，英語を流暢に話す能力を伸ばすための最初の重要なステップは，英語をコミュニケーションのツールと考えて積極的に取り組むことであり，英語に対する自分の考え方をチェックすることです。

話し手と聞き手の責任を理解しよう！

一般的に，**日本語では聞き手や読み手の責任が話し手や書き手より重く，英語ではその逆で，話し手や書き手の責任がより重い傾向にある**と言われています。これはジョン・ハインズ博士の研究の中などで言及されていて，この違いを知っておくことは有意義です。聞き手の責任とは，メッセージを理解するために聞き手が行間を読むという責任を，話し手の責任とは，話し手がメッセージを明確に伝える責任を指しています。つまり，何かを聞いたり読んだりしてその意味がわからなかったとき，前者では理解できなかった聞き手／読み手が悪いとされ，後者ではわかりやすく伝えられなかった話し手／書き手が悪いとされるのです。

日本語では，聞き手や読み手が「状況を読む」ことを示す表現が多くありますが，いくつか挙げてみましょう。「空気を読む」「手の内を読む」「先を読む」「行間を読む」「場を読む」などがあり，あるテレビ番組のコーナーには「風をよむ」というものさえあります。「KY」（空気が読めない）という表現は今やほぼ死語になっていますが，誰かに「あなたは KY です」と言われたら，うれしいですか？　答えはたぶん No でしょう。それは，日本で育った人は「空気が読める」ことが期待されているからです。

一方，話し手に責任のある文化圏の人の中にも，たまに空気を読める人がいますが，それは一種の超能力だとみなされます。そのような能力は求められていないのです。英語母語話者は，幼い頃から "Say what you mean and mean what you say." "Yes means yes. No means no." "Speak clearly so the other person can understand you." と言われます。そのようにすればほめられ，あいまいな表現を使ってはっきりと話さなければ批判されます。

英語母語話者の考え方からすると，相手の言っていることが理解できない場合，相手の話を遮ってでも自分が理解できるように説明してもらうことは，まったく失礼ではありません。そうすることは意思疎通を助けるので，むしろ礼儀正しいことであると言えるのです。英語は話し手の責任がより重い言語であるため，**聞き手はメッセージが明確ではなかったことを話し手に知らせて，聞き手が理解できるようメッセージを言い換える機会を話し手に与えるのは，適切なことなのです。**

必要なツールを習得しよう！

英語に対する英語母語話者の考え方を理解するだけではなく，必要なツールを習得することも重要です。紹介したいツールは次の 5 項目です。

❶ 1 プラス 4

「1 プラス 4」とは，「**相手の発話の後，1 秒以内に口頭で応答し，考える時間が必要な場合は，4 秒以内に再度口頭で応答すること**」です。**「沈黙」は通常，コミュニケーションが成り立っていないことを表し**，無言はときに「自分は無視されている」「嫌われている」といった負の解釈を引き起こすこともあります。したがって，言語ですぐに反応することが大切です。

この「4 秒」というのは私たちの長年の経験から導き出した数字ですが，それを裏づける研究もあります。あるオランダの研究によると，4 秒間の沈黙があると，その場にいた人が居心地悪く感じたとのことです。4 秒を超えると，英語ユーザーは拒絶されていると感じるなど負の感情を抱く可能性があります。4 秒の沈黙が一種の心理的な限界であるようです。

一方，日本人同士の会話における沈黙はどうなのか計ってみたことがあります。セミナー参加者が話し合っていて沈黙が生じたとき，誰かが話し始めるまで 13 秒かかったことがありました。これは特に長かった例で，常にこれだけの沈黙の時間があるわけではありませんが，傾向としては 4 秒より長い沈黙があるようです。

日本語には「一を聞いて十を知る」という表現があります。一方，英語のコミュニケーション・スタイルの傾向は，「一を聞いて一を理解する」です。「十を理解してもらいたいなら，十を言ってください」となり，「聞こえるのがゼロならば，理解はゼロ」となります。4 秒以上の沈黙は，居心地が悪いだけでなく，意思の伝達に問題があることを表しています。

では，誰かがあなたに何かを言った場合，どのような応答のケースがあるでしょうか。基本的に 3 タイプのケースが考えられます。

1）相手の言っていることを理解して，すぐに応答できるケース

"Tomoko, do you like ice cream?" "Yes, I do."

トモコさんは質問を理解して，1 秒以内に答えることができました。

2）相手の言っていることが理解できないケース

この場合，英語は話し手が責任を持つ傾向のある言語であることを思い出してください。聞き手としてあなたがしなければならないのは，理解できないということを 1 秒以内に示すことです。話し手に，別の言い方でメッセージを伝えたり，ゆっくり話したり，例を挙げたりする機会を提供するのです。例えば，次の表現がこの状況で使用できます。

- Sorry, Tom. I couldn't catch what you said.
- Could you please say that again?
- Could you say that a bit more slowly?

3）相手の言っていることは理解できるが，応答するには考える時間が必要なケース

Ann: Hiro, what is the meaning of life? Why do human beings exist?
Hiro: *(within one second)* The meaning of life? *(4 seconds of silence is OK)* Hmm. *(4 seconds)* Good question. *(4 seconds)* Very good question. *(4 seconds)* Listen, Ann, why don't we have a cup of coffee and talk about it then?

ここでは質問をされたヒロさんは，1 秒以内に質問の一部 the meaning of life を繰り返して反応を示しました。彼は次に Hmm. と音を出すことで 2 回目の反応をしました。重要なのは，最初の反応を 1 秒以内に行うことで，「自分は質問を聞き，理解し，そして答えを考える時間が必要だ」ということを示している点です。そうすることで，彼は 4 秒の考える時間を得ることができます。その後，さらに時間が必要な場合は，また言葉を発して，さらに 4 秒考えます。日本語でのやりとりでは，このような

場合，非言語的なサイン（例えば「左の眉を３ミリ上げる」）も考えられますが，英語でのコミュニケーションでは，サインは基本的に言語によるものです。

１プラス４のテクニックを使うと，**会話のキャッチボールをよりスムーズに続けることができます。また，教室やビジネス会議での議論に参加していくのにも役立ちます。**

❷ プラス・アルファ

会話を継続させるもう１つの方法は，「プラス・アルファ」です。これは，**話したことや答えたことに新たな情報を付け加える**ことです。英語学習者は，質問に答えるのに精いっぱいなので，１つまたは２つの単語で短く答える傾向があります。このような答え方だと，１秒以内に反応を示したとしても，多くの場合すぐに会話が終わってしまいます。

次の Fred Fulton さんと Sasaki Taeko さんの会話で，話が弾まないケースと話に広がりのあるケースを比べてみましょう。

話が弾まずすぐに終わってしまうケース

F: Taeko, do you like music?
T: Yes.
F: OK. What kind of music do you like?
T: Classical.
(pause)
F: I see. Who is your favorite composer?
T: Beethoven.
(long pause)
F: Well, which symphony do you like best?
T: Number Five.
F: Listen, Taeko, I've got a meeting to go to now …

タエコさんはフレッドさんの質問に１秒以内に答えました。しかし，話が発展せず，スムーズな会話にはなっていません。では，次のように話や答えにプラス・アルファしてみたり，質問を返してみたりするとどうなるでしょうか？

話が弾み広がりのあるケース

F: Taeko, do you like music?
T: Sure do. Especially classical. How about you, Fred?
F: Me, too. I grew up with lots of classical music in my home.
T: Really? Do you play any musical instruments?
F: I do. I am a violinist.
T: I play the cello myself. I'm a member of a student orchestra.
F: Listen, Taeko, I've got a meeting to go to now, but maybe we could have a cup of coffee after class on Wednesday to talk more.
T: That sounds great. See you then.

話すときにプラス・アルファのツールを使うと，話が弾み発展するというのは，日本語でも英語でも言えることです。他の人と良い関係を築き，楽しく会話をするために，プラス・アルファを意識することをお勧めします。

❸ 人格と意見を分けて考えた発言

発言するとき，**人格と意見を分けて考えた上で，適切な言葉を使うことが大切です。**英語母語話者に対する教育は，通常ディスカッションを重視していて，反論やオープンな議論が奨励されています。これらをうまくできる人は高い評価をもらえます。そして，反論する際に重要なこととして，常に相手の人格と意見を分けて考え，人格を批判するのではなく，その人の特定の意見に対して批判をするよう指導されます。具体的には，次のように**“you” ではなく，“that idea” などを中心に考えて議論します。**

不適切な表現 × You are wrong.
× You didn't think deeply about your idea.
適切な表現 ○ I disagree with that idea.
○ How about this idea?
○ I know what you mean, but I think this plan might be better.

他の人の意見に反論することはまったく問題ありません。また，あなたの意見にも反論があるかもしれないことや，考えを深めるためにはその反論を歓迎すべきであることを覚えておきましょう。

❹ 声の高さ

声の高低や抑揚を制御することは，**あなたが英語で言っていることを理解してもらいやすくするのにとても役立ちます。**特に，お互いに英語での意思疎通が完璧でない非母語話者の場合に有効です。

日本語は発話の音の高さにあまり変化がなく，フラットになる傾向があります。通常，日本語で話すときに単語を強調したい場合は，その単語をより大きな声で発音します。大きな声なのでより目立つわけです。他の言語のなかにも，重要な情報を強調する主な方法に大きな声を使うものがあります。しかしながら英語では，聞き手に注意を向けてもらいたい重要な情報を強調する主な方法は，該当する語やフレーズを言うときの**声を高くすること**です。

自分の声の高低を確認するために，スマートフォンを使って次の文を音読し，録音してみてください。ここでは最も重要な情報は，インタビューする人数 ten とレポートの提出期限 Friday です。

track 01

1. For our sociology class, we have to interview **ten** people and include their opinions in the final report due next **Friday**.

「社会学の授業については，10 人にインタビューして，彼らの意見を来週の金曜日が期限の最終レポートに入れなければなりません」

では，録音したものを聞いてください。ten と Friday ではどのくらい声を高くしましたか？　次に，今度は自分では気持ち悪いぐらい大げさにして言ってみてください。そのほうが自然な英語の発話に近づくはずです。

ちょっとおかしいぐらいに感じましたか？　もしそうなら，おそらく適切に話せています。もしそうでなければ，重要語が十分な高さになっていない可能性があります。日本人は，かなり強く意識しなければ適切な高さで英語を話せないことが多いのです。本書の音声には，上記の文をネイティブスピーカーが読んだものを収録していますので，自分の音声と比較してみてください。

同じ文でもう一度試してみましょう。今度は別の単語を強調してみます。こちらもネイティブスピーカーの音声がありますので，自分の音声と比べてみましょう。

track 01

2. For our sociology class, we have to **interview** ten people and include their **opinions** in the final report due next Friday.

あなたが話す英語を理解しやすくするために，この声の高さがどれほど重要か，いくら強調してもしすぎることはありません。しかし学習者のなかには，声の出し方がそれほど重要であると思っていない人がいることも事実です。

こんな話があります。ある日本の企業の研究者が，ヨーロッパで行われる学術会議で口頭発表をすることになりました。最初彼は，発表で声の高さに変化をつけることに抵抗を示しましたが，上司や他の同僚の前での最終練習では，インストラクターの説得に応じて声の高さを意識しました。その結果，「発表はとてもわかりやすかったです。英語が大変うまくなりましたね」と高い評価を得ることができました。実際の英語レベルはそれほど上がっていなかったのですが，声の高さに変化がついたことで，聞き手は短期間で彼の英語が上達したと思ったのです。

これからの社会では，英語を使う相手が母語話者ではないことが増えていくでしょう。したがって，**声の高さに変化をつけることを常に意識していると**，多様なバックグラウンドの相手に対して話をわかってもらいやすくなり，**大学や職場における円滑な議論やコミュニケーションの助けになります**。

❺ パロット・フレーズ（Parrot Phrases = PP）

パロットとはオウムのことで，短いフレーズを話せる鳥です。パロット・フレーズ(PP) は，**オウムのように繰り返すことで習得する定型表現**です。PP を身につけてうまく使えれば，**教室やビジネス会議の場で，会話やディスカッションに参加しやすくなります**し，言いたいことが終わっていない場合に**邪魔されず話を続けやすくなります**。また，わからないことがあるときに**相手に聞くこともできます**。

例えば，中学生の頃，先生に "How are you?" と言われると，何も考えずに "I'm fine, thank you. And you?" と答えていた方も少なくないでしょう。繰り返し練習することでこの PP をすでに身につけていたので，適切かどうかなどあれこれ考える必要もなく，口が勝手に動いてこの表現を使っていたのです。これと同様に，次の PP を練習して身につけておくと役立ちます。通勤通学で歩いているとき，バスを待っているとき，お風呂に入っているときなどに，これらを声に出して，自動的にすらすらと言えるようになるまで練習しておくことをお勧めします。

When you don't understand something わからないことがあるとき

- Sorry, Tom. I couldn't catch what you said.
  「すみません，トム。あなたが言ったことを聞き取れませんでした」
- Could you please say that again?
  「もう一度言っていただけますか？」
- Could you give me an example of what you mean?
  「あなたの言いたいことの例を挙げていただけますか？」
- Could you say that a bit more slowly?
  「もう少しゆっくり言っていただけますか？」

When you would like to join the discussion ディスカッションに参加したいとき

- May I say something here?
「ここで一言いいですか？」
- Sorry to interrupt you, Brian, but ...
「ブライアン，遮ってすみませんが…」
- Could I comment on that last point?
「その最後の点についてコメントしてもいいですか？」
- I'd like to add something to what Eri said.
「エリの言ったことに付け加えたいことがあります」
- Can I ask a question?
「質問してもいいですか？」

When you want to "keep the ball" 話す順番（ボール*）をキープしたいとき
* ボールを順番に回しながら，ボールを持った人が話しているイメージ

- Keiko, let me complete my thought.
「ケイコ，私の考えを最後まで言わせてください」
- Please let me finish what I was saying.
「私が言っていたことを最後まで言わせてください」
- Just one more thing.
「あともう1つだけあるのですが」

When you "take the ball back" 話す順番（ボール）を奪い返すとき

- As I was saying, ...
「私が言っていたように，…」
- Coming back to my point, ...
「私が言っていたポイントに戻ると，…」
- Thanks, Joe. I'll be brief.
「ありがとう，ジョー。手短に話します」

自分に適した学習方法を継続しよう！

スピーキングの具体的な学習方法は多様ですが，ここでは参考までに 7 つを取り上げます。TOEFL の学習とともにいくつか試してみて，自分に合った学習方法を続けてみてください。

❶ レシテーション（Recitation）

レシテーションとは暗唱のことで，有名なスピーチや映画のシーンの一部を暗唱します。暗唱は大変かもしれませんが，オリジナルを見ながら朗読するだけでも，**発音，強勢，イントネーション，リズムなどの向上に役立ちます。**例えば，次のスピーチや映画のシーンでは，発音などだけではなく，内容からも豊かな学びを得ることができ，一度試してみる価値はあります。書籍やDVD，動画サイトなどで探してみるとよいでしょう。

• Emma Watson	HeForShe Speech at the United Nations in 2014 国連機関のジェンダー平等キャンペーンにおけるスピーチ
• Steve Jobs	Stanford Commencement Address in 2005 スタンフォード大学卒業式における式辞
• Martin Luther King, Jr.	"I have a dream" in 1963 ワシントン大行進におけるスピーチ
• Charlie Chaplin	The final speech from *The Great Dictator* 映画『独裁者』の最後のスピーチ

また，本書の良い解答例を声の抑揚に注意しながら音読して，英語母語話者による模範の読み方と比較してみるのも役立ちます。

❷ シャドーイング＆リピーティング（Shadowing & Repeating）

シャドーイングとは，音声を聞きながら，聞き取った音声から1～2語遅れて影のように追いかけて話していく方法です。リピーティングとは，音声を聞き，通常，文ごとに音声を一時停止して，同じように繰り返して話す方法です。シャドーイングは，主に音声を認識して即座に発話する力の向上に役立ち，リピーティングは，主に内容を迅速に理解する力を伸ばすことを目指します。映画，ウェブサイト，テレビ番組などのうち，**自分が興味を持てる内容で，自分に合ったレベルの英語の音声を聞き，必要に応じてスクリプトを見ながら練習する**とよいでしょう。また，本書に掲載されている会話，講義，良い解答例を使ってシャドーイングやリピーティングをしてみるのも役立ちます。

❸ 読んだことや聞いたことを使ってスピーキング

外国語学習では，**インプットしたことの一部を使ってアウトプットする**のは，聞く，読む，話す，書くという4技能を総合的に伸ばすことができる1つの方法です。読んだ内容，聞いた内容のキーワードをメモして，それを使って同じ内容の話をして，それを録音し，元の文章と合っているかを確認してみます。さらにパラフレーズ（言い換え）をすることも意識すれば，TOEFLのスピーキング問題に答えるときに活かすこともできます。

❹ 1 分間スピーキング

TOEFL のスピーキング時間は，4 題のうち 3 題が 1 分間です。1 分間とは短いようですが，流暢に話せばかなりの内容を言うことができます。**流暢さを増すには，時間を計って話す練習をすること**をお勧めします。あるトピックについて，キーワードをメモして，1 回だけではなく 3 回話して，徐々に流暢に話せるようにします。これを毎日行い，ノートに良かった点と改善点を書いておき，自分の進み具合を確かめます。ときには友人や家族に聞いてもらうのもよいでしょう。

❺ 多くの理由を挙げる練習

TOEFL では理由を挙げることを求められることが多くありますので，**普段からさまざまな物事を多面的に考えて，何が理由になりうるかを考え英語で言ってみる練習をしておく**と助けになります。これを 1 人で行う他，日本語でもいいので，友人や家族と交互に理由を挙げる練習をするのもよいでしょう。トピックは，学校，職場，地域などの身近なことから，日本や世界の時事問題まで何でも OK です。興味があって，楽しめる内容が最適です。

❻ 実況中継

英語で話す練習をしたいけれど，話す相手がいなかったり，話す内容を思いつかなかったりするときもあるかもしれません。そのようなときは，**自分の周りに起こっていることやそれに対する自分の反応を英語で実況中継のように話してみる**のも 1 つの方法です。**最近マスターした語や文法事項も入れて話す**ことをお勧めします。通勤通学で，駅まで歩く途中の状況について話してみると，例えば，次のようになります。

I left home five minutes later than usual. I should have got up earlier. I wonder if I can catch the 8:15 train. My bag is very heavy today, but I should walk fast. Oh, here is the brown puppy I often come across. He looks happy to walk with his master. Look! He's looking at me and wagging his tail. He is so adorable!

❼ ロールプレイ

役を演じて会話をするのも，スピーキングの楽しい練習方法となります。役の設定は，親子，友人などに加えて，現実とはかけ離れた設定，例えばうさぎと亀，白雪姫と王子様などとするのも一案です。話す相手がいれば，その人とロールプレイをしますが，1 人であっても，落語のように，まず右を見て，次に左を見て，2 つの役を 1 人でロールプレイすることも可能です。話す内容は，リアルなものでも，面白いフィクションでも，自由に創作するとよいでしょう。**重要なのはその役の立場で，相手が言ったこ**

とに素早く反応することです。このような練習により，沈黙の時間を短くして，言いたいことをすぐに英語にする力を伸ばすことが可能となります。

以上，皆さんの TOEFL iBT スピーキングの準備だけでなく，英語スピーキング全般にも役立つことを目指して，アドバイスを挙げてきました。少しでも参考になるよう願っています。

CHAPTER 2

基礎学習

CHAPTER 2 の利用法

CHAPTER 2 では，TOEFL スピーキング問題の解答力強化と同時に，総合的なスピーキング力向上を目的としたエクササイズを 13 の STEP を通して学習していきます。4 つの種類からなる Question を順番に取り上げています。学習する STEP が本試験のどの問題に対応するのかは，各 STEP の最初のページの右上に示しています。

1 アイコンや略号について

本書で使われているアイコン

60 各 Exercise 内の制限時間（秒数）を示しています。

収録されている音声を聞く必要がある Exercise です。

指示に従い，音読あるいはスピーキングの解答をしてください。

指示に従い，自分の解答や音読を録音してください。

本書で使われている略号

本書では解答を考える際や会話・講義の内容を整理する際などに，以下の略号を使ってその構成を表しています。

略号	正式名称	関連する問題
M	Main Point （主題）	Question 1 ～ 4
O	Organization Indicator （構成表示：理由の数）	Question 1 ～ 4
R	Supporting Reasons （理由）	Question 1 ～ 4
E	Examples, Details （例，詳細）	Question 1 ～ 4
C	Concluding Statement （結論）	Question 1 ～ 4
T	Transition Word （接続語句）	Question 1 ～ 4
R / P	Supporting Reasons/Points （理由／ポイント）	Question 3, 4

2 問題文の表示について

実際に出題されるものと同じ形式の問題文は「Question 1」「Question 2」というように示してあります。数字の後のアルファベットは本書での問題ごとの連番を表します。同じ問題が複数回使われることがあります。

3 アウトラインやメモについて

スピーキングの問題では，明確に解答するためには解答のアウトラインを書くこと，課題文やリスニングの内容を整理してメモすることが重要です。本書の解答例は，わかりやすくするためにフルスペリングで書いたメモもありますが，本番の試験では自分なりに短縮した書き方や記号を使い，簡潔に整理されたメモを作るようにしてください。

4 スピーキング問題の解答例について

本書の「良い解答」は，長さ，内容，使用語彙などレベルの高いものになっていますので，模範解答という位置づけでとらえてください。「改善が必要な解答」は，論理構成が明確ではないものや日本人が間違いやすい文法や語彙の誤りが含まれていますので，「良い解答」と比較してください。

5 問題ごとの解答へのアプローチ

本書では，それぞれ以下のような手順で解答に当たります。

問題	課題文を読む	会話や講義を聞く	解答準備
Question 1	—	—	解答のアウトラインをまとめたメモを作成（15 秒）
Question 2	課題文を読みながら【リーディングメモ】を作成（45 または 50 秒）	課題文の内容と比較し，会話を聞きながら【会話メモ】を作成	2 つのメモを基に，解答の構成を考える（30 秒）
Question 3	課題文を読みながら【リーディングメモ】を作成（45 または 50 秒）	課題文の内容と比較し，講義を聞きながら【講義メモ】を作成	2 つのメモを基に，解答の構成を考える（30 秒）
Question 4	—	講義を聞きながら【講義メモ】を作成	メモを基に，解答の構成を考える（20 秒）

STEP 1

Q1の解答の組み立て方をマスターする

対応 Question 

学習目標

身近な話題について2つの立場を比較し，自分の立場を示すQuestion 1の解答の型を学び，その組み立て方をマスターします。

ポイント

■ Question 1の解答の構成と内容をチェック

Question 1では，2つ（ときに3つ）の意見や立場のうち，1つを選択し，その合理的な「理由」「例，詳細」を述べます。15秒で準備をして，45秒で解答します。

解答の基本的な構成は次のとおりです。理由をいくつ述べるかについては特にルールがありませんが，本書では理由を2つ挙げるのを基本とします。理由を1つに絞る場合は，以下のR2，E2がない形になります。

1. M（Main Point） 主題。2つの意見や立場のうち1つを選び述べます。

2. O（Organization Indicator） 構成表示。理由の数，ときに内容を示します。省略することも可能です。

3. R1（Supporting Reason 1） 主題の第1の理由。

4. E1（Examples, Details 1） 第1の理由に関する例や詳細。

5. R2（Supporting Reason 2） 主題の第2の理由。

6. E2（Examples, Details 2） 第2の理由に関する例や詳細。

7. C（Concluding Statement） 結論。「これらの理由で，私は～と考える」とします。残り時間がなければ省略してもかまいません。

・自分の立場をすぐに決め，自分の意見を示します。
・順序，結論などを示す「接続語句」T（Transition Word）を適切に使います。STEP 1～5の解答例における「接続語句」は色のついたマーカーで示されています。

重要な表現

◉比較級を使って自分の立場を表す表現

「夜より朝に勉強するほうが効果的である」ことを示す場合

▶ I think the morning is better for studying than the evening.

▶ In my opinion, studying in the morning is much more effective than studying in the evening.

▶ I find that studying in the morning is more beneficial than studying in the evening.

▶ For me, the morning is by far a more advantageous time to study than the evening.

次の Question 1-A について，Exercise 1 ～ 4 の問題に答えましょう。

Question 1-A

Some students like to study in the morning. Others feel they study best in the evening. Which time do you think is better for you to study and why?

（朝に勉強するのが好きな学生がいます。また，夜に勉強するのが最もよいと感じている学生もいます。あなたにとって勉強するにはどちらの時間帯がよいと思いますか。その理由は何ですか）

Exercise 1

次の英文は Question 1-A の解答例です。M（主題），O（構成：理由の数），R（理由），E（例，詳細），C（結論），T（接続語句）に下線を引き，その下に M，O，R，E，C，T と書いてください。

なお，結論部分（最後の 1 文）については必須ではないため，「時間が余れば話す」ものとして扱っています。

The best time for me to study is in the morning. There are two reasons for this. First, in the morning, I'm fresh and alert from a good night's sleep. I've rested well. I'm not thinking of problems or conflicts from the day. Therefore, my mind is ready to learn and absorb knowledge. Second, in the morning there are few students in the university library, there are more desks you can sit at and study, and it's much quieter than in the evening when it's crowded. So there are fewer distractions and it's easier to concentrate. (As a result, because of my own alertness and the quieter environment, I think the morning is better for studying.)

(1) 次の日本語の内容を Question 1-A の解答メモとして時間制限なしで書いてください。

「勉強するのによいのは朝。理由は 2 つ。1. よく寝た後は頭がさえている。その日の問題やいさかいを考えないので，知識を吸収できる。2. 図書館に学生がほとんどいないので，座れるし静か。集中しやすい」

M（主題） ……………………………………

O（構成：理由の数） ……………………………………

R1（理由） ……………………………………

E1（例，詳細） ……………………………………

R2（理由） ……………………………………

E2（例，詳細） ……………………………………

(2) 同じ内容のメモを 15 秒間で書いてください。時間が短いので，できるだけ短縮した形を使いましょう。

15

M（主題） ……………………………………

O（構成：理由の数） ……………………………………

R1（理由） ……………………………………

E1（例，詳細） ……………………………………

R2（理由） ……………………………………

E2（例，詳細） ……………………………………

(3) メモを解答解説のページにあるメモ例と比較した後，(2)のメモを使い，45 秒間話してください。難しい場合は，前の Exercise 1 の解答例も適宜参照してください。

Exercise 3

(1) 次の日本語の内容を Question 1-A の解答メモとして時間制限なしで書いてください。

「勉強するのによいのは夜。理由は 2 つ。1. 集中力がある。レポートを書いたり，読書課題を終わらせたりなど授業課題（コースワーク）に集中できる。2. 達成すべきことがわかっている。数学のどの問題に取り組むか，どのレポートを書くか理解している」

M（主題） ....
O（構成：理由の数） ....
R1（理由） ....
E1（例，詳細） ....
R2（理由） ....
E2（例，詳細） ....

(2) 同じ内容のメモを，多くの短縮した形を使って 15 秒間で書いてください。

15

M（主題） ....
O（構成：理由の数） ....
R1（理由） ....
E1（例，詳細） ....
R2（理由） ....
E2（例，詳細） ....

(3) メモを解答解説のページにあるメモ例と比較した後，解答例を音読してください。可能であれば，(2)のメモを使い，解答例を見ないで 45 秒間話してください。

Exercise 4

Question 1-A について,「朝」または「夜」のどちらかを選び,理由や例を自分で考えて書き入れ,解答メモを 15 秒間で完成させてください。また,メモを使い,45 秒間話してください。

M（主題）……………………………………

O（構成：理由の数）……………………………………

R1（理由）……………………………………

E1（例，詳細）……………………………………

R2（理由）……………………………………

E2（例，詳細）……………………………………

Exercise 1 解答解説

The best time for me to study is in the morning. There are two reasons for this.
(M) (O)

First, in the morning, I'm fresh and alert from a good night's sleep. I've rested well. I'm not thinking of problems or conflicts from the day. Therefore, my mind is ready to learn and absorb knowledge.
(T) (R) (E) (T) (E)

Second, in the morning there are few students in the university library, there are more desks you can sit at and study, and it's much quieter than in the evening when it's crowded. So there are fewer distractions and it's easier to concentrate.
(T) (R) (T) (E)

(As a result, because of my own alertness and the quieter environment, I think the morning is better for studying.)
(T) (C)

訳 私にとって勉強するのに最もよい時間帯は朝です。その理由は2つあります。第1に，朝はぐっすり眠ったおかげで気分がさわやかで，頭もさえています。よく休息が取れています。その日にあった問題やいさかいを考えていることもありません。したがって，頭は学び，知識を吸収する準備ができています。第2に，朝は大学の図書館に学生がほとんどいませんし，混んでいる夜より，座って勉強できる机が多くあり，ずっと静かです。そのため気を散らすものが少なく，集中しやすいのです。（結果として，自分が頭がさえた状態であるとともに環境がより静かなため，私は勉強するには朝のほうがよいと思います）

解説

まず「主題」（M），次に「構成表示」（O），さらに各「理由」（R）と「例，詳細」（E）が述べられています。最後の文が「結論」（C）です。「接続語句」（T）として，順序を表す First，Second，結論・帰結・結果を表す Therefore「したがって」，So「したがって」，As a result「結果として」などが使用されています。

Exercise 2 解答解説

(1) 時間制限なしのメモ例

M（主題）	morning
O（構成：理由の数）	2 r
R1（理由）	alert good night's sleep
E1（例，詳細）	not think problem, conflict
	absorb knowledge
R2（理由）	library few students sit quiet
E2（例，詳細）	easy concentrate

r=reasons

(2) 15 秒間のメモ例

M（主題）	mor
O（構成：理由の数）	2
R1（理由）	alert slp
E1（例，詳細）	not prob cnf
	abs kn
R2（理由）	lib few s sit qt
E2（例，詳細）	con

解説

・構成に留意して，一番左端には「主題」（M），左端に少しスペースを空けて「構成：理由の数」（O），さらにスペースを空けて「理由」（R），さらにもう少しスペースを空けて「例，詳細」（E）を書きます。

・15 秒間で書くためには，単語をいかに短縮するか工夫が必要です。例えば，sleep を sl や slp，conflict を conf や cnf とするなど，最初の 2 ～ 4 字や子音を表す 2 ～ 3 字を使えば，話すときに語を思い出しやすくなります。conflict では con より cnf のほうが，何を表すのか思い出しやすいですが，書くときにどのように略すか考えて時間がかかるかもしれません。一方，con は単純に最初の文字なので考えずに書けますが，あとで何の語だったか思い出すことが難しいかもしれません。いろいろと試して，自分に合った短縮した書き方ができるようにしましょう。

・(2)の各語が何を表すかは (1)と比較して確認してください。

Exercise 3 解答解説

(1) 時間制限なしのメモ例

M（主題）	evening
O（構成：理由の数）	2 r
R1（理由）	focused
E1（例，詳細）	coursework: essay, reading
R2（理由）	know what achieve
E2（例，詳細）	math problem, report

(2) 15 秒間のメモ例

M（主題）	ev
O（構成：理由の数）	2
R1（理由）	foc
E1（例，詳細）	cw: e r
R2（理由）	kn ach
E2（例，詳細）	m rep

(3)

解答例

※二重下線は設問のパラフレーズ，破線は修飾語句を示していますが，詳しくは STEP 2 で扱います。マーカー部分は「接続語句」を示しており，詳しくは STEP 3 で扱います。

For me, the evening is by far the most advantageous time to study. There are two reasons. To begin with, I'm more focused in the evening. I have no further obligations for the day, and I can pay full attention to the coursework at hand, such as writing an essay or completing a reading assignment. Furthermore, I know what I need to achieve in the evening. After my classes are finished, I understand precisely what my assignments are, exactly which math problems I have to do, or what reports I need to write. I concentrate on what I need to finish for the next day. (For these reasons, I think the evening is a better time to study than the morning.)

訳 私の場合，断然夜が勉強に最も有利な時間帯です。理由は2つあります。まず，私は夜のほうが集中力があります。その日にやるべき義務的な事柄はもうなく，レポートを書くとか，読書課題を終わらせるといった目の前の授業課題に完全に集中できます。さらに，夜は自分が達成すべきことがわかっています。授業が終了した後で，課題は正確に何であるか，正確に数学のどの問題に取り組まないといけないか，または何のレポートを書く必要があるか理解しています。翌日のために自分が終えなければならないことに集中します。(これらの理由から，朝より夜のほうが勉強するのによい時間帯だと思います)

Exercise 4 解答解説

Exercise 1と3の解答例を参照してください。

STEP 2

Q1の解答力を伸ばす①：主題と理由をパラフレーズや修飾語句を用いて述べる

対応 Question 1 2 3 4

学習目標

Question 1の解答において，主題と理由をパラフレーズや修飾語句を用いながら論理的に述べる力を伸ばします。

ポイント

Question 1では，身近な話題（特に学生生活関連が多い）について２つ（ときに３つ）の立場を比較し，自分の立場を示します。適切に解答するために，次の点に留意しておきましょう。

■素早く立場を選択できるようになる

・単純に選択できない問題も多くありますが，解答を考える時間が短いため，割り切って選ぶ必要があります。

・自分は何を大切にするか，どのような価値観を持っているかを日頃から具体的に考えておくと，解答を構成する際に助けになります。

・１つの練習方法としては，身近な話題に関する二者択一問題などを日本語と英語で作り，どちらを選ぶのか，その理由は何かを話してみるやり方が考えられます。

■パラフレーズ（言い換え）を用いる

・パラフレーズとは，同じ情報を異なった語句で言い換えることです。

・解答する際，設問（他の問題なら会話や講義）の一部をうまく言い換えて表現すれば，問題をよく理解していて，明確に問題に答えるつもりであることを採点者に示せるとともに，表現力の豊かさを印象づけることができます。

・STEP １～５の解答例におけるパラフレーズは二重下線で示されています。

・よく使われるパラフレーズの方法は，次のとおりです。

　1）品詞の変換 → 例えば名詞 choice を動詞 choose に言い換える。

　2）同意語の使用 → 例えば choice を同意語の alternative に言い換える。

・パラフレージング，および設問や会話・講義の語句をそのまま繰り返すエコーイング（繰り返し）を上手に使い，わかりやすい解答にしましょう。

■修飾語句を用いる

・strongly，mostly，definitely，personally などの副詞を動詞などを修飾する語句として使うことで，意見を強調し，設問に少し変化をつけて豊かな表現ができることをアピールすることができます。

・解答例における修飾語句は破線で示されています。

重要表現

◉パラフレーズ

設問の表現を次のように解答で言い換えることができます。

▶ Others would rather study for tests alone.
→ I would rather study for exams by myself.

▶ Some students prefer to study for tests in a group.
→ It's much better for me to study for tests with my classmates.

◉修飾語句

▶ I definitely would much rather study for exams by myself.

▶ These are the reasons I always prefer to study alone.

▶ I probably would decide to give a presentation.

Exercise 1

次の Question 1-B について，(1)～(3)の問題に答えましょう。

Question 1-B

Some people believe that knowledge gained from books is more valuable than knowledge gained from experience. Which do you think is more valuable and why?

(本から得た知識のほうが，経験から得た知識より貴重だと考える人がいます。あなたはどちらがより貴重だと思いますか。その理由は何ですか)

(1) 次の日本語の内容を Question 1-B の解答メモとして時間制限なしで書いてください。

「経験から得た知識は，本から得た知識より貴重。理由は 2 つ。1. 研究室での実験など自分で体験したことは，よく記憶に残る。2. アルバイトなど自分の経験で得たことは，人々や世界に対する見方を変え，新たな世界観を与える」

M（主題） ……………………

O（構成：理由の数） ……………………

R1（理由） ……………………

E1（例，詳細） ……………………

R2（理由） ……………………

E2（例，詳細） ……………………

(2) 同じ内容のメモを，多くの短縮した書き方を使って 15 秒間で書いてください。

15

M（主題） ……………………………………
O（構成：理由の数） ……………………………………
R1（理由） ……………………………………
E1（例，詳細） ……………………………………
R2（理由） ……………………………………
E2（例，詳細） ……………………………………

(3) メモを解答解説にあるメモ例と比較した後，(2)のメモを使い，45 秒間話してください。難しい場合は，解答例を音読してください。さらに可能なら，自分の意見をメモした後，45 秒間話すことも試してください。

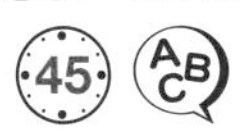

CHAPTER 2 STEP 2

Exercise 2

次の Question 1-C について，(1)～(3)の問題に答えましょう。

Question 1-C

Some students prefer to study for tests in a group. Others would rather study for tests alone. Which do you prefer and why?
（グループで試験勉強をするのを好む学生がいます。1 人で試験勉強したい学生もいます。あなたはどちらを好みますか。その理由は何ですか）

(1) 次の日本語の内容を Question 1-C の解答メモとして時間制限なしで書いてください。

「1 人で試験勉強をするほうが好き。理由は 2 つ。1. 集中できる。教科書を読むとき集中してメモを取ることができる。2. いつ勉強するか自分で選べる。朝起きたときに勉強できる」

M（主題）　……………………………………
O（構成：理由の数）　……………………………………
R1（理由）　……………………………………
E1（例，詳細）　……………………………………
R2（理由）　……………………………………
E2（例，詳細）　……………………………………

(2) 同じ内容のメモを，多くの短縮した書き方を使って 15 秒間で書いてください。

15

M（主題）　……………………………………
O（構成：理由の数）　……………………………………
R1（理由）　……………………………………
E1（例，詳細）　……………………………………
R2（理由）　……………………………………
E2（例，詳細）　……………………………………

(3) メモを解答解説にあるメモ例と比較した後，(2)のメモを使い，45 秒間話してください。難しい場合は，解答例を音読してください。

Exercise 3

Question 1-C の別の解答内容について，(1)～(3)の問題に答えましょう。

(1) 次の日本語の内容を Question 1-C の解答メモとして時間制限なしで書いてください。

「同級生と試験勉強するほうが好き。理由は 2 つ。1. わからないことを他の学生に聞くことができる。数学の問題がわからないときに友人に説明を求めることができる。2. グループで勉強するほうが楽しい。リラックスできる」

M（主題）
O（構成：理由の数）
R1（理由）
E1（例，詳細）
R2（理由）
E2（例，詳細）

(2) 同じ内容のメモを，多くの短縮した書き方を使って 15 秒間で書いてください。

15

M（主題）
O（構成：理由の数）
R1（理由）
E1（例，詳細）
R2（理由）
E2（例，詳細）

(3) メモを解答解説にあるメモ例と比較した後，(2)のメモを使い，45 秒間話してください。難しい場合は，解答例を音読してください。さらに可能なら，自分の意見をメモした後，45 秒間話すことも試してください。

(1) 時間制限なしのメモ例

M（主題）	knowledge experience more valuable
O（構成：理由の数）	2 r
R1（理由）	last longer
E1（例，詳細）	experiment lab remember
R2（理由）	give new perspectives world
E2（例，詳細）	part-time job way view people world

(2) 15 秒間のメモ例

M（主題）	k exp val
O（構成：理由の数）	2
R1（理由）	last
E1（例，詳細）	lab
R2（理由）	give pers w
E2（例，詳細）	pt

(3)

解答例

I think knowledge gained from experience is far more valuable than knowledge gained from books. There are two reasons for that. First, knowledge gained from experience lasts longer. When we experience something, for example, doing an experiment in a laboratory, we really remember it. Second, knowledge gained from experience gives us new perspectives on the world. For instance, the things we learn at our part-time job can change the way we view people and the world. For these reasons, I think knowledge from experience is more valuable than knowledge from books.

訳 私は経験から得た知識のほうが本から得た知識よりもずっと貴重だと思います。その理由は2つあります。第1に，経験から得た知識のほうが長く残るということです。例えば，研究室での実験など，何かを体験すると，とても記憶に残ります。第2に，経験から得た知識は私たちに，新たな世界観を与えてくれます。例えば，私たちがアルバイトで学んだことは，人々や世界に対する自分たちの見方を変えることがあります。これらの理由から，私は本から得た知識よりも経験から得た知識のほうがより貴重だと思います。

解説

問題文の一部を用いて「主題」（M）を述べた後，２つの「理由」（R）とそれぞれの「例，詳細」（E）および「結論」（C）が述べられています。「理由」と「結論」の関係は論理的で，「接続語句」（T）の使い方も適切なので，解答の基本構成が明確です。

Exercise 2 解答解説

(1) 時間制限なしのメモ例

M（主題）	study myself
O（構成：理由の数）	2 r
R1（理由）	concentrate
E1（例，詳細）	read focus note
R2（理由）	choose study
E2（例，詳細）	morning wake

(2) 15 秒間のメモ例

M（主題）	st self
O（構成：理由の数）	2
R1（理由）	con
E1（例，詳細）	rd fc nt
R2（理由）	ch st
E2（例，詳細）	mor wk

(3)

解答例

I definitely would much rather study for exams by myself. First, I can concentrate better when I study alone. There are no other people talking to distract me. For example, if I'm reading a textbook to prepare for a test, I can focus my attention, take notes, and remember what I'm reading. Second, I would rather study alone because I can choose when to study. I can study according to my own schedule—not when someone else is free—at a time that's best for me. For instance, in the morning when I wake up and have a lot of energy. (These are the reasons I always prefer to study for exams alone.)

訳 私は絶対に1人で試験勉強をするほうがずっとよいです。第1に，1人で勉強しているときのほうがよく集中できます。他の人が話をしていて気が散ることもありません。例えば，試験に備えて教科書を読んでいるとすると，注意を集中させ，メモを取り，読んでいる内容を記憶することができます。第2に，いつ勉強するのかを自分で選ぶことができるので，1人で勉強するほうがよいです。他の誰かが時間が空いているときではなく，自分のスケジュールに合わせて，自分にとって最適なときに勉強することができます。例えば，朝，目が覚めてエネルギーに満ちているときにです。（こうした理由で，私はいつも1人で試験勉強するほうが好きです）

解説

・「主題」（M）として，1人で試験勉強をするほうを好むとの立場を述べ，2つの「理由」（R）とそれぞれの「例，詳細」（E）を挙げています。残り時間があれば「結論」（C）を述べますが，その時間がなければ，述べなくても差し支えありません。

・設問の tests を解答では exams に，alone を by myself に言い換えています。

・definitely，much，always を使って意見を強調しています。

Exercise 3 解答解説

(1) 時間制限なしのメモ例

M（主題）	study classmate
O（構成：理由の数）	2 r
R1（理由）	ask other
E1（例，詳細）	math
R2（理由）	fun
E2（例，詳細）	relax by myself stress

(2) 15 秒間のメモ例

M（主題）	st mate
O（構成：理由の数）	2
R1（理由）	ask ot
E1（例，詳細）	mt
R2（理由）	fun
E2（例，詳細）	rlx by m st

(3)

解答例

It's much better for me to study for tests with my classmates. There are two reasons. The first reason is that if I don't understand something, I can ask other students who do. For example, if I don't understand a math problem, I can ask my friend to explain it. The second reason is that it is much more fun to study in a group. It's relaxing to study together with my friends, and it's actually fun when we have a study session. On the other hand, if I study for a test by myself, I feel a lot of stress and it can be very unpleasant. (Those are the reasons I'd rather study for tests in a group.)

訳 私はクラスメートと一緒に試験勉強をするほうがずっとよいです。理由は2つあります。第1の理由は，何かわからないことがあったら，他のわかる学生に聞くことができることです。例えば，数学の問題がわからなければ，友人に説明してくれるように頼むことができます。第2の理由は，グループで勉強するほうがずっと楽しいことです。友人と一緒に勉強するとリラックスしますし，集まって勉強すると実際に楽しいです。一方，1人で試験勉強をすると，ストレスを強く感じて，とても不快な気分になることもあります。（そのような理由で，私はグループで試験勉強をするほうがよいです）

解説

「主題」（M）として，クラスメートと一緒に試験勉強をするほうがずっとよいとの意見を述べ，2つの「理由」（R）とそれぞれの「例，詳細」（E）を挙げています。設問の prefer を解答では It's much better に，in a group を with my classmates, together with my friends に，alone を by myself に言い換えています。また，much と very を使い意見を強調しています。

STEP 3 Q1の解答力を伸ばす②：接続語句を活用する

対応 Question 1 2 3 4

学習目標

Question 1の解答で，接続語句を上手に使いながら，意見，理由，例や詳細を述べる方法を学びます。

ポイント

■接続語句の適切な使用

「接続語句」T (Transition Word) とは，First，Next，Therefore などをはじめとした文と文，語句と語句をつなぐ役割をする語句です。

適切に接続語句を使うことにより，「理由」(R)，「例，詳細」(E)，「結論」(C) などの構成要素が明確になり，話の一貫性を示すことができます。

接続語句の効果的な使い方を身につけるためには，機能別に分け，グループごとに覚えて，実際に使ってみることが大切です。

重要表現

◉接続語句

接続語句には次のような種類があります。うまく使うと構成が明確になり，話がわかりやすくなります。以下の他に，p. 74 で扱う For example [instance] もよく使われます。

順番を示す接続語句

▶ First, / First of all, / To begin with,

▶ Second, / The second reason is that

追加を示す接続語句

▶ Next, / Moreover, / Furthermore, / Another reason is that

結論・帰結・結果を示す接続語句

▶ All in all, / In conclusion, / Therefore, / Thus, / Consequently, / As a result,

次の Question 1-D について，Exercise 1 ～ 2 の問題に答えましょう。

Question 1-D

Some students like to attend classes in a classroom. Others prefer to take classes online from home. Which method of study do you think is better and why?

(教室で授業を受けることが好きな学生がいます。家でオンラインで受講するほうを好む学生もいます。あなたはどちらの勉強方法がよりよいと思いますか。その理由は何ですか)

Exercise 1

次の Question 1-D の解答例の空所に当てはまる適切な接続語句を，それぞれ①～④の選択肢から選んでください。解答をチェックした後，音読してください。

I think attending classes in a classroom is better for me than taking classes online. There are two reasons. (①), I can talk to the teacher more easily. (②), if I have a question, I can just raise my hand and ask it to the teacher. Or I can stay after class and ask my questions to the teacher. This helps me learn more. (③), if I have class in the classroom, I can see my friends. After class, we can talk together, discuss what happened in class, and even do our homework together. That makes learning more fun. (④), I personally prefer to attend classes in the classroom rather than take classes online from home.

① Consequently	However	First of all	In addition
② All in all	For instance	In conclusion	On the other hand
③ By contrast	By and large	To begin with	Second
④ Next	Furthermore	For example	Therefore

Exercise 2

(1) 次の日本語の内容を Question 1-D の解答メモとして時間制限なしで書いてください。

「オンライン授業のほうがよい。理由 1. 時間の節約になる。通学の行き帰りに各 1 時間かかる。2. ずっと安い。電車賃やバス代がいらない」

M（主題） ......
O（構成：理由の数） ......
R1（理由） ......
E1（例，詳細） ......
R2（理由） ......
E2（例，詳細） ......

(2) 同じ内容のメモを，多くの短縮した書き方を使って 15 秒間で書いてください。

15

M（主題） ......
O（構成：理由の数） ......
R1（理由） ......
E1（例，詳細） ......
R2（理由） ......
E2（例，詳細） ......

(3) メモを解答解説にあるメモ例と比較した後，解答例を音読してください。次に，(2)のメモを使い解答例を見ないで 45 秒間話してください。さらに可能であれば，自分の意見をメモして 45 秒間話してください。

CHAPTER 2 STEP 3

次の Question 1-E について，Exercise 3 ～ 4 の問題に答えましょう。

Question 1-E

For a final project in class, some students may choose to give a presentation. Other students may prefer to create a video. Which would you choose and why?

(授業の最終課題に，プレゼンテーションをするのを選ぶ学生がいるかもしれません。ビデオを制作するほうがよい学生もいるかもしれません。あなたならどちらを選びますか。その理由は何ですか)

Exercise 3

(1) 次の日本語の内容を Question 1-E の解答メモとして時間制限なしで書いてください。

「ビデオを選ぶ。理由 1. ビデオ制作が好きで，ソフトの使い方を知っている。情報を映像や音響と組み合わせるのが得意で良い成績が取れる。2. 作りたいときに作れる。ストレスがない」

M（主題） ………………

O（構成：理由の数） ………………

R1（理由） ………………

E1（例，詳細） ………………

R2（理由） ………………

E2（例，詳細） ………………

(2) 同じ内容のメモを，多くの短縮した書き方を使って 15 秒間で書いてください。

15

M（主題） ………………

O（構成：理由の数） ………………

R1（理由） ………………

E1（例，詳細） ………………

R2（理由） ………………

E2（例，詳細） ………………

(3) メモを解答解説にあるメモ例と比較した後，解答例を音読してください。次に，(2)のメモを使い解答例を見ないで 45 秒間話してください。

Exercise 4

(1) 次の日本語の内容を Question 1-E の解答メモとして時間制限なしで書いてください。

「プレゼンテーションを選ぶ。理由は 2 つ。1. 時間がかからない。情報を集め，まとめてスライドを作るだけで簡単。2. 楽しめる。話すのが好きで得意」

M（主題） ……………………………

O（構成：理由の数） ……………………………

R1（理由） ……………………………

E1（例，詳細） ……………………………

R2（理由） ……………………………

E2（例，詳細） ……………………………

(2) 同じ内容のメモを，多くの短縮した書き方を使って 15 秒間で書いてください。

15

M（主題） ……………………………

O（構成：理由の数） ……………………………

R1（理由） ……………………………

E1（例，詳細） ……………………………

R2（理由） ……………………………

E2（例，詳細） ……………………………

(3) メモを解答解説にあるメモ例と比較した後，解答例を音読してください。次に，(2)のメモを使い解答例を見ないで 45 秒間話してください。さらに可能であれば，自分の意見をメモして 45 秒間話してください。

Exercise 1 解答解説

①First of all　②For instance　③Second　④Therefore

訳 オンラインで受講するよりも教室で授業を受けるほうが自分にはよいと思います。理由は2つあります。まず第1に，より気軽に先生と話をすることができます。例えば，質問があれば，単に手を挙げて先生に尋ねることができます。または，授業後に残って先生に質問をすることができます。このことで，より深く学ぶことができます。第2に，もし教室での授業があれば，友人に会うことができます。授業後，一緒に話したり，授業中にあったことを議論したり，さらには宿題を一緒にすることさえできます。そうすると，勉強がもっと楽しくなります。したがって，私は個人的に自宅でオンラインで受講するよりも，教室で授業を受けるほうが好きです。

解説

- 「主題」（M）は，最初の文です。「構成表示」（O）の後，各「理由」（R）と「例，詳細」（E）が述べられています。最後の文が「結論」（C）です。
- ４つの「接続語句」（T）のうち，①は最初の理由が次に来ることを読み手や聞き手に知らせています。②は１番目の理由の例，③は２番目の理由が次に来ることを示しています。④は結論が次に来ることを表しています。

Exercise 2 解答解説

(1) 時間制限なしのメモ例

M（主題）	online
O（構成：理由の数）	2 r
R1（理由）	time
E1（例，詳細）	hr go hr return
R2（理由）	cheaper
E2（例，詳細）	not pay train bus

hr=hour

(2) 15 秒間のメモ例

M（主題）	OL
O（構成：理由の数）	2
R1（理由）	t
E1（例，詳細）	hr go hr re
R2（理由）	ch
E2（例，詳細）	n pay tr bs

(3)

解答例

I would rather take classes online from home than attend classes in the classroom. First, it saves me time. For example, it takes me one hour to go to school and one hour to return. That's two hours a day. When I take classes online, I can use that extra time for study or work. Second, taking classes online from home is much cheaper. I don't have to pay to take the train and the bus. If you add up all the transportation costs, it's a lot. So taking classes online from home also saves me quite a bit of money. (For these reasons, I would rather take classes online than attend classes in the classroom.)

訳 私は教室で授業を受けるより，家でオンラインで受講をしたいです。第1に，時間の節約になります。例えば，私は学校に行くのに1時間，帰るのに1時間かかります。1日2時間ということです。オンラインで受講すれば，その浮いた時間を勉強や仕事に使うことができます。第2に，家でオンラインで受講をするほうがずっと安いです。お金を払って電車やバスに乗らなくて済みます。交通費を合計すれば，かなりの額になります。ですから，家でオンラインで受講をすれば，お金をかなり節約することもできます。（これらの理由から，私は教室で授業を受けるよりオンラインで受講したいです）

解説

・「主題」（M）として，家でオンラインで受講をしたいとの立場を述べ，「理由」（R）として，時間の節約と安さを挙げています。各理由の後に「例，詳細」（E）を述べています。

・「接続語句」（T）として，First, For example, Second, So, For these reasons を使い，全体の構成や文と文のつながりを示しています。

・残り時間があれば，「結論」（C）を述べることができますが，その文を言い終わるだけの時間がない場合には，必須ではありません。

Exercise 3 解答解説

(1) 時間制限なしのメモ例

M（主題）	video
O（構成：理由の数）	2 r
R1（理由）	like know software
E1（例，詳細）	combining information images
	sound good grade
R2（理由）	when I want
E2（例，詳細）	no stress

(2) 15 秒間のメモ例

M（主題）	vd
O（構成：理由の数）	2
R1（理由）	lk kn sof
E1（例，詳細）	comb inf im sd g grd
R2（理由）	wnt
E2（例，詳細）	no str

(3)

解答例

I would definitely select making a video. To begin with, I like making videos, I often make videos, and I know how to use the software well. For example, I'm very good at combining information with images and sound. I can make a really nice video and get a good grade. Next, if I make a video, I can do it when I want to during my free time. I don't have to feel the stress of giving a presentation at a set time during a class in front of other people. I just finish my video on my own and submit it to the teacher. (Therefore, because I like making videos and can do it when I'm free, that's what I'd do for a final project.)

訳 私は断然ビデオを作ることを選びます。まず，私はビデオを作るのが好きで，よく作り，ソフトウエアの使い方もよくわかっています。例えば，情報を映像や音響と組み合わせるのがとても得意です。とても良いビデオを作り，良い成績を取ることができます。次に，もしビデオを作るなら，空いている好きなときに作ることができます。授業中の指定された時間に，他の人の前でプレゼンテーションをするストレスを感じなくて済みます。1人でビデオを完成させ，それを先生に提出するだけです。（ですから，ビデオを作るのが好きで，空いているときに作ることができるので，私なら最終課題にはそうします）

解説

- 「主題」（M）として，ビデオ制作を選ぶとの立場を述べ，「理由」（R）として，それが好きで得意であることと，好きなときに作れることを挙げています。各理由の後に「例，詳細」（E）を述べています。
- 「接続語句」（T）として，To begin with, For example, Next, Therefore を使い，全体の構成や文と文のつながりを示しています。

(1) 時間制限なしのメモ例

M（主題）	presentation
O（構成：理由の数）	2 r
R1（理由）	not take long
E1（例，詳細）	gather information
	organize slides easy
R2（理由）	enjoyable
E2（例，詳細）	talk like good

(2) 15 秒間のメモ例

M（主題）	prs
O（構成：理由の数）	2
R1（理由）	not take long
E1（例，詳細）	gth inf org sl es
R2（理由）	joyb
E2（例，詳細）	tk lk gd

(3)

解答例

I probably would decide to give a presentation. There are two reasons. First, preparing a presentation doesn't take as long as making a video. You just gather some information, organize it well, and then make presentation slides. For me it's a rather easy process. Second, giving a presentation is far more enjoyable for me than working by myself making a video. I like talking to people, and I'm good at speaking in front of a group. Therefore, I can enjoy myself and give a good presentation at the same time. (These are the reasons why usually I'd select giving a presentation for a final project in a class.)

訳 私なら，おそらくプレゼンテーションをすることにします。理由は2つあります。第1に，プレゼンテーションの準備には，ビデオを作るほど時間がかかりません。情報を集め，うまくまとめて，それからプレゼンテーション用のスライドを作るだけです。私にとって一連の作業はかなり簡単です。第2に，1人でビデオを作る作業をするより，プレゼンテーションをするほうが自分はずっと楽しめます。私は人と話すのが好きで，集団の前で話すのも得意です。したがって，私は楽しみながら，同時に良いプレゼンテーションをすることができます。（これらの理由から，私は授業の最終課題には，通常プレゼンテーションをすることを選びます）

解説

- 「主題」（M）として，プレゼンテーションを選ぶとの立場を述べ，「理由」（R）として，準備に時間がかからないことと，楽しいことを挙げています。各理由の後に「例，詳細」（E）を述べています。
- 「接続語句」（T）として，First, Second, Therefore を使い，全体の構成や文と文のつながりを示しています。

STEP 4

Q1の解答力を伸ばす③：例や詳細を適切に述べる

学習目標

Question 1の解答で適切な例，詳細を十分に述べる方法を学びます。

ポイント

「例，詳細」を十分に述べるコツ：
「理由」（R）に関する「例，詳細」（E）を考えるときは，次の３点に着目します。

1. 種類：「理由」に関する種類，分野

例えば，「主題」（M）が「学生はフィールドワークをするべきである」，その「理由」（R）の１つが「新たな世界を知ることができるから」であれば，「例，詳細」（E）として「IT 企業」「高齢者施設」など具体的な分野を挙げることができます。

2. 特徴：「理由」に関する特徴，長所

例えば，「主題」（M）が「学生は多様な人々と議論するべきである」，その「理由」（R）の１つが「論理的思考力や問題解決能力を伸ばせるから」であれば，「例，詳細」（E）として「地域の問題について議論して地域の改善に取り組む」などと議論の内容や特徴を言うことができます。

3. 経験：「理由」に関する自分の経験，思い出

自分の経験を挙げると，解答がより具体的になります。自分の専攻や学習環境について考えると，適切な例を思いつくことがあります。例えば，「主題」（M）が「大学は学生寮を持つべきである」，その「理由」（R）の１つが「学生が親しい友人を作れるから」であれば，「例，詳細」（E）として「自分は寮で多くの議論をして親友を得ることができた」など自らの経験を挙げて話すことができます。

重要表現

◉「例，詳細」を述べる表現

▶ For example, they need to pay for books for their classes.
▶ For instance, they can see how businesses really work.
▶ I need to take many courses in my own field, such as microeconomics and macroeconomics.

次の Question 1-F について，Exercise 1 ～ 3 の段階を踏み，解答の準備をして答えてみましょう。

Question 1-F

Do you agree or disagree with the following statement? Students should work while attending university. Use details and examples to explain your opinion.

（あなたは次の主張に賛成ですか，反対ですか。学生は大学に通いながら働くべきである。詳細と例を挙げて，あなたの意見を説明してください）

Exercise 1

(1) 次の日本語の内容を Question 1-F の解答メモとして時間制限なしで書いてください。「例，詳細」(E) を自分で考えて書きます。

「大学に通いながら働くべきとの意見に賛成。その理由は，1. 学生はお金が必要であること，2. 働くことで世の中について多くを学べること」

M（主題）……………………………………

O（構成：理由の数）……………………………………

R1（理由）……………………………………

E1（例，詳細）……………………………………

R2（理由）……………………………………

E2（例，詳細）……………………………………

(2) 同じ内容のメモを，多くの短縮した書き方を使って 15 秒間で書いてください。

15

M（主題）……………………………………

O（構成：理由の数）……………………………………

R1（理由）……………………………………

E1（例，詳細）……………………………………

R2（理由）……………………………………

E2（例，詳細）……………………………………

Exercise 2

Question 1-F の問題に対する「主題」(M) とそれを裏づける (1) と (2) の「理由」(R) を読み，その理由を説明する適切な「例，詳細」(E) を選択肢からすべて選び番号を書いてください。

M : Students should work while attending university.

(1) R : students need money

E : (　　)(　　)(　　)

① they don't have much free time

② they must buy books for their classes

③ they should focus on club activities

④ they must buy meals at school

⑤ they can make friends with classmates

⑥ they have a lot of personal expenses like clothing

(2) R : they can learn a lot about the world

E : (　　)(　　)

① they can see how businesses really work

② they can focus on their field of study

③ they can see how to treat customers

④ they can start a new student organization

⑤ they can make friends with classmates

Exercise 3

解答解説にある，Exercise 2 の「例，詳細」(E) を用いた Question 1-F の解答例を聞いてください。また，解答例を見ながら音読もしてください。

Exercise 4

次の Question 1-G について，以下の段階を踏み，解答の準備をして答えましょう。

Question 1-G

Do you agree or disagree with the following statement? Students should be required to learn a foreign language. Use details and examples to explain your opinion.

（あなたは次の主張に賛成ですか，反対ですか。学生に外国語を学ぶことを義務づけるべきである。詳細と例を挙げて，あなたの意見を説明してください）

(1) 1-G の解答を考え，「例，詳細」（E）に特に注意して，時間制限なしでメモを書いてください。

M（主題） ……………………

O（構成：理由の数） ……………………

R1（理由） ……………………

E1（例，詳細） ……………………

R2（理由） ……………………

E2（例，詳細） ……………………

(2) 同じ内容のメモを，多くの短縮した書き方を使って 15 秒間で書いてください。

15

M（主題） ……………………

O（構成：理由の数） ……………………

R1（理由） ……………………

E1（例，詳細） ……………………

R2（理由） ……………………

E2（例，詳細） ……………………

(3) (2) のメモを用いて，45 秒を計りながら解答を録音してください。その後，自分の解答と解答解説にある解答例を比較してください。解答例の音読もしてください。

Exercise 1 解答解説

(1) 時間制限なしのメモ例

M（主題）	agr should work
O（構成：理由の数）	2 r
R1（理由）	s need money
E1（例，詳細）	book meals clothing
R2（理由）	learn world
E2（例，詳細）	bs work treat customers

agr=agree, s=students, bs=businesses

(2) 15 秒間のメモ例

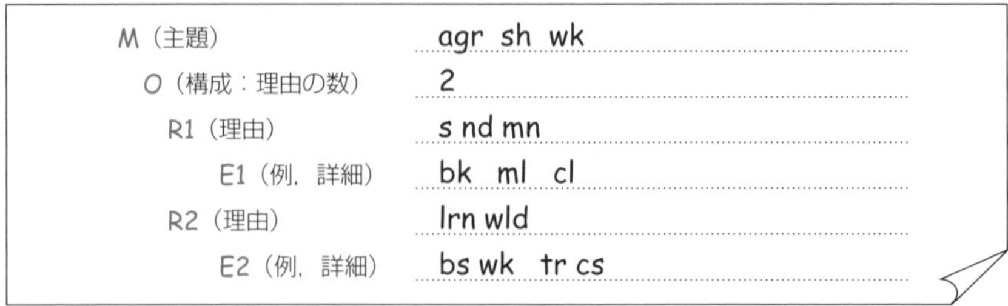

M（主題）
agr sh wk
O（構成：理由の数）
2
R1（理由）
s nd mn
E1（例，詳細）
bk ml cl
R2（理由）
lrn wld
E2（例，詳細）
bs wk tr cs

(1) ②，④，⑥　　(2) ①，③

解答例　track 02

I agree with the statement "Students should work while attending university." There are two reasons. The first reason is that students need money for their daily lives. For example, they need to pay for books for their classes and buy meals at school. They also have a lot of personal expenses like clothing. The second reason is that they can learn a lot about the world by working at a part-time job. For instance, they can see how businesses really work and how to treat customers. This also is important to their education, and it helps them grow up. (Thus, I agree with the statement that students should work while attending university.)

訳 私は「学生は大学に通いながら働くべきである」という主張に賛成です。理由は２つあります。１番目の理由は，学生は日々の生活のためにお金が必要だということです。例えば，授業で使う本の支払いをし，学校で食事を買う必要があります。衣服などの個人的な出費も多くあります。２番目の理由は，アルバイトをすることによって，世の中について多くを学ぶことができるということです。例えば，会社が実際どのように機能しているのか，また顧客にどのように接するべきなのかを知ることができます。これは彼らの教育に重要なことでもあり，彼らが成長する助けとなります。（したがって，学生は大学に通いながら働くべきであるという主張に私は賛成です）

解説

・「主題」（M）として，学生は大学に通いながら働くべきとの主張に賛成との立場を述べています。第１の「理由」（R）として，学生はお金が必要であることを挙げ，その「例，詳細」（E）としては，本，食事，衣服の出費について述べています。また，第２の「理由」（R）として，世の中のことを学べる点を挙げ，その「例，詳細」（E）としては，会社の仕組みや顧客との接し方の学習を述べています。

・「例，詳細」を述べるには，「理由」に関連する語句を思い浮かべるとよいでしょう。例えば「お金が必要」という理由については，お金を払う必要のある物事を挙げることができれば，うまく解答をまとめることができます。

Exercise 4 解答解説

（1）時間制限なしのメモ例１

M（主題）	students learn foreign L
O（構成：理由の数）	2 r
R1（理由）	world bigger
E1（例，詳細）	E communicate people countries
R2（理由）	understand native L
E2（例，詳細）	grammar vocabulary

L=language, E=English

時間制限なしのメモ例２

M（主題）	students not learn foreign L
O（構成：理由の数）	2 r
R1（理由）	not interested
E1（例，詳細）	waste time
R2（理由）	concentrate major
E2（例，詳細）	economics course

(2) 15 秒間のメモ例１

M（主題）	s lrn frn L
O（構成：理由の数）	2
R1（理由）	wld bgr
E1（例，詳細）	E com p cnt
R2（理由）	und ntv L
E2（例，詳細）	gr voc

15 秒間のメモ例２

M（主題）	s n lrn frn L
O（構成：理由の数）	2
R1（理由）	n int
E1（例，詳細）	wst t
R2（理由）	con mj
E2（例，詳細）	eco cos

(3)

解答例１

I definitely think all students should have to learn a foreign language. First of all, learning another language makes your world bigger. You can learn not only new words but get to know people from other parts of the world. For example, learning English allows me to communicate with people from many other countries besides Japan. The second reason is that learning a foreign language helps you understand your own native language much better. For instance, you come to see grammar and vocabulary in your own language much differently than before. You understand different parts of speech and how sentences are organized in different ways. (In conclusion, for these two reasons I think students should be required to learn a foreign language.)

訳 私は，すべての学生は外国語を学ばなければならないとするべきだと本当に思っています。まず第1に，他の言語を学ぶことにより世界が広がります。新しい言葉を学ぶことができるだけではなく，世界の他の地域の人々と知り合いになることもできます。例えば，私は英語を学ぶことで，日本以外の多くの国の人とコミュニケーションをとることができます。第2の理由は，外国語を学ぶと，母語をはるかによく理解できるようになることです。例えば，母語の文法や語彙を以前とはかなり違った目で見るようになります。品詞の違いや，文の構成の違いが理解できます。(結論として，これら2つの理由から，学生に外国語を学ぶことを義務づけるべきだと思います)

解説

第1の「理由」(R) の「例，詳細」(E) としては，自分が外国語を学んで具体的にどのように世界が広がったかという経験を述べています。第2の「理由」の「例，詳細」としては，母語の中のどの分野をよく理解できるようになるかを具体的に述べています。理由を挙げた後，関連する経験や分野などを具体的に述べる練習を積んでおきましょう。

解答例 2

I personally think it is a bad idea to make university students learn a foreign language. There are two reasons. To begin with, some students are just not interested in learning another language. Forcing them to study a foreign language in order to graduate is really a waste of their time. Furthermore, in university, it is far more important to concentrate on classes in your major. For example, I'm majoring in economics. I need to take many courses in my own field, such as microeconomics and macroeconomics. I don't want to be required to take foreign language classes that have no meaning for me. (That's why I think students should not be required to learn a foreign language.)

訳 私自身は，大学生に外国語を学ばせるというのは良くない考えだと思います。理由は2つあります。まず第1に，他の言語を学ぶことに興味がない学生もいます。卒業するために無理やり外国語を勉強させるのは，彼らにとっては実に時間の無駄です。さらに，大学では自分の専攻する授業に集中することのほうがはるかに大切です。例えば，私は経済学を専攻しています。ミクロ経済学やマクロ経済学など，自分の専門分野の授業を数多く取る必要があります。自分にとってはまったく意味のない外国語の授業を受けるように義務づけられたくありません。（そういうわけで，学生に外国語を学ぶことを義務づけるべきではないと思います）

解説

外国語必修化について反対する意見を述べる際の「例，詳細」（E）としては，必修化したときに予想される負の影響を述べることができます。学生全般の視点と個人の視点を入れることが可能です。ここでは，第 1 の理由の「例，詳細」として興味がない学生全般のこと，第 2 の理由では自分自身の状況を説明しています。

STEP 5 Q1の解答力を伸ばす④：さまざまな質問形式に対応する

対応 Question 1 2 3 4

学習目標

Question 1のさまざまな質問形式に対応する方法を学びます。

ポイント

■ Question 1の複数の質問形式を知る

Question 1の質問では，以下の形が使われる傾向にあります。特に頻度が高いのは
"Some students/people ... Others ..."
であり，他には
"Do you agree or disagree with the following statement? + STATEMENT"
"Do you think it is a good idea ...?"
"What do you think ... : (1) ... , (2) ... , or (3) ...?"
が使われることがあります。最後の問題だけ3択です。これらの質問すべてに対して，ほとんど同じように解答することができる点に注目しましょう。つまり多くの場合，次の答え方になります。

「自分の立場を表す主題，その理由の数（時間がなければ省略可），
理由1＋例／詳細，理由2＋例／詳細，結論（時間がなければ省略可）」

答え方が変わらないことを確認するために，このSTEPではあえてよく似た内容で異なる形式の問題を繰り返します。

Exercise 1

Question 1-H ①

Some people think that attending class should be required to receive a passing grade. Others believe that students' grades should only be based on assignments and tests. Which do you think is better? Explain why.

（合格点を取るには授業に出ることが義務づけられるべきだと考える人がいます。学生の成績は課題と試験のみに基づくべきだと考える人もいます。あなたはどちらのほうがよいと思いますか。その理由を説明してください）

Question 1-H ①の解答として，多くの短縮した書き方を使って，15 秒間で次のとおり解答メモを書いてください。

「合格点を取るには出席は必要である。理由は 2 つ。1. 教室で指導を受けることが，主要な学びの方法である。教員が講義をして学生が聞く。2. 授業への参加が学びには重要である。教員学生間や学生同士で議論する」

15

M（主題） ……………………………………

O（構成：理由の数） ……………………………………

R1（理由） ……………………………………

E1（例，詳細） ……………………………………

R2（理由） ……………………………………

E2（例，詳細） ……………………………………

Exercise 2

Question 1-H ②

Do you agree or disagree with the following statement? Professors should require attendance in their classes for students to receive a passing grade. Give reasons and details to support your opinion.

（あなたは次の主張に賛成ですか，反対ですか。学生が合格点を取るには，教員は授業に出席することを義務づけるべきである。あなたの意見を支持する理由と詳細を述べてください）

1-H ②の解答として，多くの短縮した書き方を使って，15 秒間で次のとおり解答メモを書いてください。

「学生が合格点を取るには出席させるべきとの考えに反対である。理由は 2 つ。1. 教材を読み，録音された講義を聞けば学べる学生がいる。教室にいることは重要ではない。2. 遠方に住んでいる学生がいる。最良の時間に教材を学べれば，通学は理不尽である」

15

M（主題） ……………………………………

O（構成：理由の数） ……………………………………

R1（理由） ……………………………………

E1（例，詳細） ……………………………………

R2（理由） ……………………………………

E2（例，詳細） ……………………………………

Exercise 3

Question 1-H ③

What do you think grades in a class should mostly be based upon: (1) class attendance, (2) class assignments, or (3) class tests? Explain why.

（授業の成績は主に何に基づくべきだと思いますか：(1) 授業への出席，(2) 授業の課題，(3) 授業についての試験。その理由を説明してください）

1-H ③の解答として，自分の考えに基づき，多くの短縮した書き方を使って，15 秒間で解答メモを書いてください。

15

M（主題）

O（構成：理由の数）

R1（理由）

E1（例，詳細）

R2（理由）

E2（例，詳細）

Exercise 4

Question 1-H ④

Do you think it is a good idea that students should be required to attend class to receive a passing grade? Why or why not? Use details and examples to explain your opinion.

（合格点を取るには学生は授業に出席することを義務づけられるべきだというのは良い考えだと思いますか。それはなぜですか。詳細と例を挙げて，自分の意見を説明してください）

1-H ④の解答として，自分の考えに基づき，多くの短縮した書き方を使って，15 秒間で解答メモを書いてください。

M（主題）……………………

O（構成：理由の数）……………………

R1（理由）……………………

E1（例，詳細）……………………

R2（理由）……………………

E2（例，詳細）……………………

Exercise 5

Exercise 1～4で書いたメモから1つ選び，そのメモを使って45秒間で話してください。

15 秒間のメモ例

M（主題）	att nec
O（構成：理由の数）	2
R1（理由）	ins clrm lrn
E1（例，詳細）	t lec ss lis
R2（理由）	ptp imp
E2（例，詳細）	d

att=attendance, nec=necessary, ins=instruction, clrm=classroom, lrn=learning, t=teachers, lec=lectures, ss=students, lis=listen, ptp=participation, imp=important, d=discussion

Exercise 2 解答解説

15 秒間のメモ例

M（主題）	dis att p
O（構成：理由の数）	2
R1（理由）	lrn rd rec lec
E1（例，詳細）	clrm n imp
R2（理由）	far
E2（例，詳細）	lrn b time unr tvl

dis=disagree, att=attend, p=passing, lrn=learn, rd=reading, rec=pre-recorded, lec=lecture, clrm=classroom, n=not, imp=important, b=best, unr=unreasonable, tvl=travel

Exercise 3 解答解説

15 秒間のメモ例

M（主題）	ct
O（構成：理由の数）	2
R1（理由）	t b mes lrn
E1（例，詳細）	gr lrn
R2（理由）	hp hw n fr
E2（例，詳細）	ct b sign lrn

ct=class tests, t=tests, b=best, mes=measure, lrn=learned/learning, gr=grades, hp=help, hw=homework, n=not, fr=fair

Exercise 4 解答解説

15 秒間のメモ例

M（主題）	agr att
O（構成：理由の数）	2
R1（理由）	lrn 2 way cl par
E1（例，詳細）	ask q
R2（理由）	lrn exc id
E2（例，詳細）	par cl

agr=agree, att=attend, lrn=learning, cl=class, par=participation/participate, q=questions, exc=exchange, id=ideas

Exercise 5 解答解説

以下，Exercise 1 ～ 4 の解答例を順に紹介しますので，参考にしてください。

解答例

I definitely think that going to class should be necessary for a passing grade, not only completing assignments and tests. There are two reasons. First of all, the actual instruction in a classroom is one of the main ways of learning in a course. For example, teachers give lectures, and students listen to those lectures. Therefore, attendance is important. Second, class participation is very important for learning. A class involves discussion between a teacher and students, and between students and students. This happens in almost every class, and it's really important for learning the subject in a class. (For these reasons, I think students should have to attend class to obtain a passing grade.)

訳 合格点を取るには，課題や試験をすべてこなすだけではなく，授業に出席することが必要とされるべきだと，強く思います。理由は2つあります。まず第1に，教室で実際に指導を受けることが，科目の主な学びの方法の1つだからです。例えば，教員が講義をし，学生はその講義を聞くことです。したがって，出席することは重要です。第2に，授業に参加することは学習にはとても重要です。授業では，教員学生間で，また学生同士で，議論が行われます。これはほとんどの授業で行われることで，授業で科目を学ぶ上でとても重要です。（これらの理由により，学生は合格点を得るために授業に出席しなければならないようにすべきだと思います）

解説

Exercise 1の解答例です。「主題」（M）として，合格点を取るには授業に出席することが必要とされるべきとの立場を述べ，2つの「理由」（R）とそれぞれの「例，詳細」（E）を挙げています。
解答には definitely を入れて意見を強調しています。また，次の言い換えがあります（設問→解答）。
attending class → going to class
should be required to receive → should be necessary for
should be required to → should have to
receive a passing grade → obtain a passing grade

解答例

I completely disagree that professors should make students attend their classes to get a passing grade. There are two reasons. First, some students can learn class materials very well just by reading them, or by listening to a pre-recorded lecture. Therefore, being in a school classroom is not very important for their learning. Second, some students may live far away. If they can learn the materials through reading the textbook or listening to audio lectures at a time that's best for them, it is unreasonable to make them travel all the way to school just to sit in a classroom. (As a result, I very much disagree with mandatory attendance.)

訳 合格点を取るために，教授は学生を授業に出席させるべきだという考えには完全に反対します。理由は2つあります。第1に，教材を読むだけで，もしくは録音された講義を聞くだけで，教材を非常によく学べる学生がいます。したがって，教室にいることは彼らの学習にとってはさほど重要ではありません。第2に，遠方に住んでいる学生もいるかもしれません。もし学生が，自分たちにとって最良の時間に教科書を読んだり録音された講義を聞いたりして教材を学ぶことができるなら，教室に座るためだけにはるばる通学させるのは理不尽なことです。(結果として，出席を必須とすることにはまったく反対です)

解説

Exercise 2の解答例です。「主題」(M) として，合格点を取るには学生に授業に出席させるべきだという考えには反対との立場を述べ，2つの「理由」(R) とそれぞれの「例，詳細」(E) を挙げています。解答には completely や very much を入れて意見を強調しています。また，次のような設問の言い換えがあります。

require attendance in their classes
→ make students attend their classes や mandatory attendance

receive a passing grade → get a passing grade

解答例

In my opinion, class examinations should be the most important factor in grades. The first reason is that tests are the best measure of what students have actually learned from taking a class. And personally I believe grades should be based on what has been learned in a class, not simply how often a student has attended a class. The second reason is that some students may receive help on their assignments from friends or parents, or from an older brother or sister. So grades based on homework may not be fair. Class tests are really the best sign of learning. (All in all, that's why I think grades in a class should be based on class tests.)

訳 私の考えでは，授業についての試験が成績を決める最も重要な要素であるべきです。第1の理由は，試験は学生が授業を受けて実際に何を学んだかを測る最適の尺度であることです。そして成績は授業で何を学んだかに基づくべきで，単に学生が授業に何回出席したかに基づくべきではない，と個人的には思っています。第2の理由は，友人や親，または兄や姉に課題を手伝ってもらう学生がいるかもしれないということです。そのため，宿題に基づく成績は，公正ではない可能性があります。授業についての試験が本当に学習の最良の証なのです。(概して言えば，これが授業の成績は授業についての試験に基づくべきだと考える理由です)

解説

Exercise 3の解答例です。「主題」(M) として, 試験が成績を決める最も重要な要素であるべきだという意見を述べ, 2つの「理由」(R) とそれぞれの「例, 詳細」(E) を挙げています。また, personallyを入れて個人の意見であることを表し, reallyを入れて強調しています。さらに, 次のような設問の言い換えがあります。

class tests → class examinations

should mostly be based upon → should be the most important factor

解答例

I strongly agree that professors should require students to attend classes in order to pass. To begin with, learning is a two-way process. It involves class participation. For example, to understand a subject better, students need to be able to ask questions to the professor and receive answers back. They also need to hear other students' questions to the teacher and the teacher's answers. In addition, important learning also takes place when students exchange ideas by discussing various issues among themselves, sharing their opinions openly. To participate in class like this, students need to be there. (Consequently, I believe professors should require students to attend classes.)

訳 合格するために教授が学生に授業への出席を義務づけるべきという考えに, 強く賛成します。まず, 学ぶということは双方向のプロセスです。それには授業への参加が必要です。例えば, 科目をより深く理解するには, 学生は教授に質問をし, その回答を得ることができることが必要です。また, 他の学生の質問と教師の答えを聞くことも必要です。加えて, さまざまな問題について学生同士で議論し, 自分の意見を率直に共有し, 考えを交換するときに, 大切な学びがあります。このように授業に参加するには, 学生はその場にいる必要があります。(したがって, 教授は学生に授業に出席することを義務づけるべきだと思います)

解説

Exercise 4の解答例です。「主題」（M）として，合格するには生徒に出席を義務づけるべきという考えに賛成と述べ，2つの「理由」（R）とそれぞれの「例，詳細」（E）を挙げています。解答の最初の文にstronglyを入れて意見を強調しています。また，次のような設問の言い換えがあります。

students should be required to attend class

→ professors should require students to attend classes

to receive a passing grade → in order to pass

think → believe

STEP
6 Q2の解答の組み立て方をマスターする

対応 Question 1 **2** 3 4

学習目標

大学や学生生活に関する方針についての文章を読み，会話を聞いた上で問題に答えるQuestion 2の解答の型を学び，その組み立て方をマスターします。

ポイント

Question 2では，課題文のリーディング，男女の会話のリスニングの後，指定されたどちらかの人の意見を述べ，理由や詳細を説明します。

1. 課題文の方針を読み，要点を用紙の左半分にメモ

45秒（または50秒）で，約80～110語の大学や学生生活に関するある方針についての文章を読みます。通常，方針の変更について「主題」（M）が述べられ，その後に「理由」（R）や「例，詳細」（E）などが示されるので，重要ポイントをメモ用紙の左半分にメモします。

2. 会話を聞き，読んだ文と関連づけながら要点を右半分にメモ

約60～80秒で方針に関する2人の学生の会話を聞きます。主として解答に必要な重要ポイントは，会話の中にあります。会話内の男性または女性が方針に賛成・反対どちらの立場をとっているかと，その立場をとる理由をメモします。メモ用紙の左半分に書いたリーディングメモを見て，矢印などを使い関連づけながら，短縮した形や記号を使った簡潔な会話メモを右半分に作ります。

3. メモを用いて，意見とその理由などを説明

課題文で示された方針を述べ，指定された男性／女性の意見とその理由を述べます。

重要表現

◉課題文において使われる，方針を説明する表現

▶ Change in the Frequency of Shuttle Buses to Campus

▶ As previously announced, a new Green Line light rail station will open inside the university.

▶ It is expected that one quarter of students will take advantage of the train service.

◉会話中の人物の立場（賛成か反対かなど）を説明する表現

▶ The woman isn't happy with the university's decision to reduce the number of shuttle buses.

▶ The woman will find it really hard to get to a train station.

▶ That's why the reduced shuttle bus service will be such a problem for her.

Exercise 1

45 秒で次の方針を読み，リーディングメモの下線部に適当な語句を入れてください。メモ全体の構成を確認し，下線部の前後にある語句に注意して，下線部に何が入るか推測してください。その後，その方針に関する２人の会話を聞き，会話メモの下線部に適当な語句を入れてください。終わったら，自分のメモと解答解説にあるメモ例を比較してください。

Change in the Frequency of Shuttle Buses to Campus

Beginning May 1, the number of shuttle buses connecting the student parking lots with the main campus will be reduced from the current twelve buses per hour to six. As previously announced, a new Green Line light rail station will open inside the university at the end of April, connecting the university with the city bus terminal downtown. It is expected that approximately one quarter of students who now drive to campus will take advantage of the train service. As the parking lots are likely to be much less crowded than they are now, there will be less need for so many shuttle buses per hour.

リーディングメモ	
M	＿＿＿＿＿＿＿＿
R	new ＿＿＿＿ sta Apr
	1/4 s car → ＿＿＿＿＿＿
	par less crd

会話メモ	
M	＿＿＿＿＿＿＿＿
R	w car ＿＿ sh ＿＿＿
	m tr
	w get sta hass car

sta=station, Apr=April, s=students, par=parking, crd=crowded, w=woman, sh=shuttle, m=man, tr=train, hass=hassle

Exercise 2

Exercise 1 のリーディングメモは下記のとおりです。今度は会話だけ別の内容を聞き，会話メモの空所を埋めてください。終わったら解答解説にあるメモ例と比較してください。

リーディングメモ	
M	sh b ↓ 12 → 6
R	new GL sta Apr
	1/4 s car → tr
	par less crd

会話メモ	
M	＿＿＿＿＿＿＿＿
R	m sh ＿＿＿＿＿＿
	fewer car
	w agree

sh=shuttle, b=bus, ↓=reduce/decrease, GL=Green Line, sta=station, Apr=April, s=students, tr=train, par=parking, crd=crowded, m=man, w=woman

Exercise 3

Exercise 1 のリーディング，リスニングを基にした，Question 2-A に対する次の解答例を音読してください。課題文のみの情報に基づく部分には点線，会話のみの情報に基づく部分には下線，課題文と会話の両方に基づく部分には二重下線を引いてください。

Question 2-A

The woman expresses her opinion about the change in the frequency of shuttle buses to campus. State her opinion and explain the reasons she gives for holding that opinion.

（キャンパスへのシャトルバスの本数変更について，女性は意見を表明しています。彼女の意見を述べ，また彼女がそのような意見を持つ理由を説明してください）

解答例

The woman isn't happy with the university's decision to reduce the number of shuttle buses that connect the student parking lots with the campus. For one thing, she doesn't think the number of students who will commute by train instead of car will be as many as it says in the notice. Since there will only be half as many buses operating as there are now, each bus that does run is probably going to be really crowded. Also, unlike the man who lives only a couple of blocks from a Green Line station, the woman will find it really hard to get to a train station because of the inconvenient city bus system. That's why she will still need to drive to school and why the reduced shuttle bus service will be such a problem for her.

Exercise 4

Exercise 1 のリーディングメモ，会話メモを使って 30 秒で準備し，Exercise 3 の解答例を見ないで 60 秒で解答してください。

Exercise 1 解答解説

下線部は特に重要な情報です。語の短縮形や記号を使ってわかりやすいメモにします。講義で言及されるリーディングのポイントは，「←」のような記号を使い，同じ情報を2度書かないようにしましょう。

リーディングメモ

M	sh b ↓ 12 → 6
R	new GL sta Apr
	1/4 s car → tr
	par less crd

会話メモ

M	w n bel ←
R	w car n ↓ sh crd
	m tr
	w get sta hass car

sh=shuttle, b=bus, ↓=reduce/decrease, GL=Green Line, sta=station, Apr=April, s=students, tr=train, par=parking, crd=crowded, w=woman, n=not, bel=believe, ←=points in the reading, m=man, hass=hassle

課題文の訳 **キャンパスへのシャトルバスの本数の変更**

5月1日から，学生用駐車場とメインキャンパスを結ぶシャトルバスの本数は，現在の1時間あたり12本から6本に減ります。以前に発表されたように，新しいグリーンライン路面電車の駅が4月末に大学内にオープンし，大学とダウンタウンにある市バスターミナルが結ばれます。現在キャンパスに車で通学している学生の約4分の1が，この電車を利用すると予想されます。駐車場は現在よりもはるかに混雑しなくなることが見込まれるため，1時間あたりにそれほど多くのシャトルバスを運行する必要はなくなります。

スクリプト track 03

W : Did you read the notice about the university's decision to reduce the number of shuttle buses that run from the parking lots to the main campus?

M : Yep, sure did. Why do you ask?

W : I can't believe that they're going to cut the number of shuttles in half!

M : So? They'll still run every ten minutes, right?

W : True. But I don't think the number of people who commute by car will decrease nearly as much as the notice said it would. So I'll bet the shuttles that do operate will be really crowded.

M : That won't be a problem for me. I live only a couple of blocks away from a Green Line station, so I plan to take the train to school starting next month.

W : I wish I had that luxury. The city bus system isn't very good, so even getting to a Green Line station from where I live would be way more hassle than it's worth. I'll still need to come to campus by car.

M : Yeah, I can see why this might be a big issue for you.

スクリプトの訳

W：駐車場からメインキャンパスまで運行するシャトルバスの本数を減らすっていう大学の決定通知，読んだ？

M：うん，読んだよ。なんで聞くの？

W：シャトルバスの数を半分に減らすなんて，信じられない！

M：だから？　それでも10分おきに運行するんでしょ？

W：そうよ。でも，車で通学する人の数は，通知に書いてあるほど減らないと思う。だから，運行されるシャトルバスはきっとすごく混むと思うな。

M：僕には問題じゃないよ。グリーンラインの駅からほんの2ブロックのところに住んでいるから，来月から電車で通学する予定なんだ。

W：私もそうできたらいいけどな。市バスシステムがあまり良くないから，私の住んでいるところからグリーンラインの駅に行くのでさえ，とても面倒で見合わないよ。キャンパスにはこれから先も車で来ないとね。

M：うん，君にとってこの件が大きな問題になるかもしれない訳はわかるよ。

Exercise 2 解答解説

リーディングメモ

M　　sh b ↓　12 → 6
　R　new GL sta　Apr
　　　1/4 s　car → tr
　　　par less crd

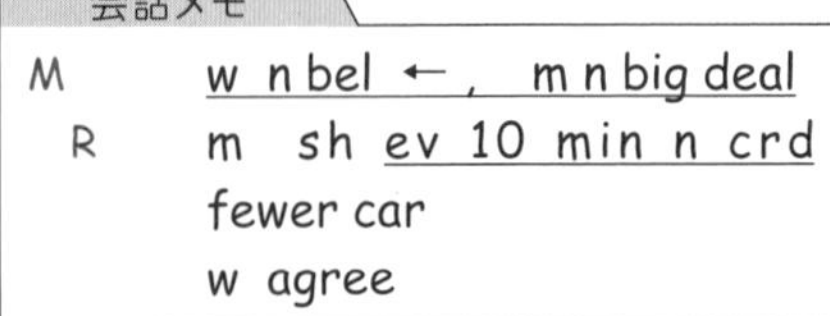

sh=shuttle, b=bus, ↓=reduce/decrease, GL=Green Line, sta=station, Apr=April, s=students, tr=train, par=parking, crd=crowded, w=woman, n=not, bel=believe, ←=points in the reading, m=man, ev=every, min=minutes

スクリプト

W : I can't believe they are cutting the number of shuttle buses to campus. It's already hard to make it to my classes on time when I drive from home.

M : Really? The new policy doesn't seem like such a big deal to me.

W : What do you mean? Why?

M : Well, first, right now there are 12 shuttle buses per hour, and they are going to cut that to 6. But that's still one shuttle every 10 minutes. That's pretty good service.

W : When you put it that way, it doesn't sound so bad.

M : Yeah, and also, since fewer students will be driving, the shuttles won't be as crowded. Before, they would often be full, and you would have to wait for the next one. Now, there should always be seats.

W : You're right. Overcrowding has been a problem.

M : So all in all, with shuttle buses still running every 10 minutes and fewer students taking those buses, we should be fine getting to classes on time.

W : I'm glad I talked to you about this. You really relieved some of my worries.

スクリプトの訳

W：キャンパスへのシャトルバスの本数を減らすなんて，信じられない。家から車で行くと，もうすでに授業に間に合うのが難しいのよ。

M：そうなの？　新しい方針は，僕にはたいしたことじゃないみたいに思えるけど。

W：どういうこと？　なぜ？

M：えーと，まず，今は1時間に12本のシャトルバスがあって，それが6本に減らされる。でも，それでも10分に1本はシャトルバスがあるよね。かなりいい運行状況だよ。

W：そう考えてみると，それほど悪くなさそうね。

M：うん，それに車で来る学生が減るから，シャトルバスは今ほど混雑しなくなるだろうね。以前は，よく満員で次のバスを待たなければならないことがあったよね。今度はいつも席があるはずだよ。

W：確かに。混雑はこれまで問題だったよね。

M：だから，シャトルバスが10分おきに運行され，バスに乗る学生が減れば，概して時間どおりに授業に出席できるはずだよ。

W：このことをあなたに話せてよかった。おかげで本当にほっとした。

Exercise 3 解答解説

The woman isn't happy with the university's decision to reduce the number of shuttle buses that connect the student parking lots with the campus. For one thing, she doesn't think the number of students who will commute by train instead of car will be as many as it says in the notice. Since there will only be half as many buses operating as there are now, each bus that does run is probably going to be really crowded. Also, unlike the man who lives only a couple of blocks from a Green Line station, the woman will find it really hard to get to a train station because of the inconvenient city bus system. That's why she will still need to drive to school and why the reduced shuttle bus service will be such a problem for her.

訳 女性は，学生用駐車場をキャンパスと結ぶシャトルバスの本数を減らすという大学の決定に納得していません。1つには，車の代わりに電車で通学する学生の数は，大学が通知で言うほど多くはならないと彼女は考えています。バスの運行本数が今の半分になるため，運行されるそれぞれのバスはおそらくとても混雑することになります。また，グリーンラインの駅からほんの2ブロックのところに住んでいる男性とは違って，女性は不便な市バスシステムのために駅に行くのが非常に難しいと感じるでしょう。そのため，彼女はこれから先も車で通学する必要があり，シャトルバス運行の縮小は彼女にとってそれほど問題なのです。

解説

ほぼすべての部分が，下線部分の会話のみから得た情報か，二重下線部分の会話と課題文の両方から得た情報です。点線部分の課題文からのみ得た情報は見当たりません。「駅が4月末に大学内にオープンする」など，課題文のみの情報は，会話中で述べられていないので，言及する必要がありません。このように，解答では課題文のみからの情報はあまり使われず，会話からの情報が多く使われていることがわかります。

Exercise 4 解答解説

Exercise 1のリーディングメモ，会話メモを使って60秒で解答した後，次のポイントが入っていたかチェックします。

1. トピックが学生用駐車場とキャンパスを結ぶシャトルバスの本数を減らすという大学の決定についてであること。
2. 女性が2つの理由で決定に反対していること。
3. 第1の理由：電車で通学する学生数はそれほど多くはなく，シャトルバスが混雑するだろうということ。
4. 第2の理由：彼女は電車を使うことが難しく，車で通学しなければならないこと。

STEP 7

Q2の解答力を伸ばす：課題文と会話を結びつけ意見の要点を述べる

対応 Question 1 **2** 3 4

学習目標

Question 2の課題文と会話内の意見についてメモを取り，両者を結びつけながら適切に意見の要点を述べる力を伸ばします。

ポイント

■ Question 2 の解答の構成と内容をチェック

ある方針を読んで要点をメモした後，その方針に関する会話を聞き，要点をメモします。その後，30 秒で準備をして，60 秒で解答します。

解答の基本的な構成は次のとおりです。

1. 主題（M） 問題の「主題」（M）に関わる語句を使い，男性／女性が方針に賛成または反対であることを述べます。
2. 賛成または反対の「理由」（R）と「例，詳細」（E）を挙げます。基本的に 2 つの理由を挙げます。
3. 結論（C）「これらの理由で，男性／女性は～に賛成／反対である」ことを述べます（時間がなければ省略可）。

重要表現

◉会話における男性／女性の意見とその理由を説明する表現

▶ The man feels that the $75 increase in student fees is reasonable.

▶ The man feels that they deserve a high-quality new arena to play in.

▶ That's why he supports the fee increase.

▶ The woman is against the university's announced $75 increase in student fees.

▶ She thinks it's unfair to ask all students to pay for the construction of the new sports arena.

▶ She points out that not every student cares about them.

▶ She suggests that students who think the new arena is necessary (should) pay for it themselves.

▶ She recommends soliciting more alumni contributions to cover the shortfall.

Exercise 1

45 秒で次の方針を読み，リーディングメモに要点をメモしてください。その後，方針に関する２人の会話を聞き，会話メモに男性の主張の要点をメモしてください。終わったら，自分のメモと解答解説にあるメモ例を比較してください。

Notice of Increase in Student Fees

The Board of Regents has decided that a $75 increase in student fees is necessary to fund the construction of a new sports arena on campus. The old gymnasium cannot support the continued success of our championship-caliber Cougars basketball teams. Construction will be completed in time for next season and both the women's and the men's teams will play their home games there. The old gym will be used for recreational play. This fee increase is the first of its kind in ten years. There will be no increase in student tuition at this time.

リーディングメモ

会話メモ

Exercise 2

Exercise 1 のメモを使って 30 秒で準備をした後，60 秒で次の問題に対する解答を録音してください。数回やってみてください。その後，自分の解答と解答例を比較してみましょう。

Question 2-B

The man expresses his opinion about the university's Board of Regents raising student fees. State his opinion and explain the reasons he gives for holding that opinion.

（男性は大学の評議委員会が学生費を値上げすることについて意見を述べています。彼の意見を述べ，また彼がそのような意見を持つ理由を説明してください）

Exercise 3

Exercise 1 の文書の方針について別の会話を聞き，会話メモに女性の主張の要点をメモしてください。終わったら，自分のメモと解答解説にあるメモ例を比較してください。

リーディングメモ	
M	$75 inc s fee → new a
R1	old gym not sup bb t
R2	1st inc 10 y

会話メモ

inc=increase, s=student, a=arena, sup=support, bb=basketball, t=teams, y=years

Exercise 4

Exercise 3 のメモを使って 30 秒で準備をした後，60 秒で次の問題に対する解答を録音してください。数回やってみてください。その後，自分の解答と解答例を両方聞いて比較してみましょう。

Question 2-C

The woman expresses her opinion about the university's Board of Regents raising student fees. State her opinion and explain the reasons she gives for holding that opinion.

（女性は大学の評議委員会が学生費を値上げすることについて意見を述べています。彼女の意見を述べ，また彼女がそのような意見を持つ理由を説明してください）

Exercise 1 解答解説

リーディングメモ	
M	$75 inc s fee → new a
R1	old gym not sup bb t
R2	1st inc 10 y

会話メモ	
M	m think reas
R1	w top, m rise t des fc a
E1	qf tl
R2	←
E2	s fee low

inc=increase, s=student, a=arena, sup=support, bb=basketball, t=teams, y=years, m=man/men's, reas=reasonable, w=women's, des=deserve, fc=first-class, qf=quarterfinals, tl=talent, ←=points in the reading

課題文の訳 **学生費の値上げに関する通知**

評議委員会はキャンパスの新しいスポーツ・アリーナの建設資金を拠出するために，学生（活動）費の75ドルの値上げが必要であると判断を下しました。古い体育館では，優勝できるレベルの本学のバスケットボールチーム「クーガーズ」の継続的な好成績を支えられません。来シーズンに間に合うように工事は完了し，男女両方のチームがそこでホームゲームを行うことになります。古い体育館はレクリエーションのために使われます。この学生費の値上げはこの種のものでは10年ぶりのことです。今回，学生の授業料の値上げはありません。

スクリプト track 05

W : Take a look at this notice I got in my student mailbox.

M : Thanks. Hmm. $75? Sounds reasonable to me.

W : Reasonable? You're kidding! Why should we have to pay for building a new sports arena? That doesn't seem fair.

M : Why not? We've got a top-notch women's basketball team and the men's program is on the rise, too. Teams of that quality deserve to play in a first-class arena.

W : Are they really that good?

M : I guess you don't follow basketball very much, huh? Our women's team made it to the national quarterfinals last season before being eliminated. If we're going to continue to attract top talent to our school, we've got to have a better arena for the team to play in.

W : I guess you're right. The old gym is kind of small, not to mention dark and dingy.

M : And besides, it's the first fee increase in ten years. I've always thought our student fees were pretty low compared to other schools.

W : OK, you've convinced me.

M : Say, why don't you let me take you to a game in the new arena next year?

W : Sounds like a plan to me.

スクリプトの訳

W：私の学生用のメールボックスに入っていたこの通知を見て。

M：ありがとう。ふーん。75ドルか？　僕には妥当に思えるけど。

W：妥当？　冗談でしょう！　新しいスポーツ・アリーナを建てるために，なぜ私たちが払わなければいけないのかな？　公平とは思えないよ。

M：どうして？　うちにはトップクラスの女子バスケットボールチームがあるし，男子部門も伸びているよ。そんな質の高いチームは，一流のアリーナでプレーするのがふさわしいよ。

W：本当にそれほど良いチームなの？

M：あまりバスケットボールの状況を把握していないみたいだね。うちの女子チームは昨シーズン，全国大会の準々決勝まで行ったんだよ。そこで敗退したけどね。もしトップの選手をうちの大学に引きつけ続けようとするなら，チームがプレーするもっと良いアリーナがなければね。

W：それはそうだと思う。古い体育館は，暗くて薄汚いのは言うまでもなく，ちょっと小さいよね。

M：その上，10年ぶりの値上げだよね。他の大学と比べるとうちの学生費はかなり安いといつも思っていたよ。

W：わかった，納得した。

M：そうだ，来年新しいアリーナでの試合に連れて行こうか？

W：いいわね。

Exercise 2 解答解説

解答例

The man feels that the $75 increase in student fees to help pay for a new sports arena is reasonable. He has two reasons for his opinion. First of all, the man feels that both the women's and men's basketball teams deserve a high-quality new arena to play in because they are very successful. The women's team, in particular, is ranked nationally, and if they want to continue to recruit top-level talent, a new arena is crucial. In addition, the man points out that there hasn't been any increase in fees for ten years, so it's not strange for the university to ask for more money to bring fees more in line with those paid by students at other universities. That's why he supports the fee increase.

訳 男性は，新しいスポーツ・アリーナの費用を賄う一助として学生費を75ドル値上げするのは妥当だと感じています。彼の意見には2つの理由があります。まず，バスケットボールチームは男女とも非常に好成績を収めているので，質の高い新しいアリーナでプレーするのがふさわしいと男性は考えています。特に，女子チームは全国レベルであり，トップレベルの選手を集め続けたいなら，新しいアリーナを持つことが極めて重要です。さらに，10年間値上げが一切なかったので，他大学の学生が払っている費用と近い水準にするために，大学が値上げを求めるのはおかしなことではないと男性は指摘しています。そういうわけで，彼は学生費の値上げを支持しています。

解説

自分の解答が次の良い解答の構成になっていたかチェックしましょう。

1. 「主題」(M) として，「男性は学生費の値上げに賛成」と述べる。
2. 最初の「理由」(R)「バスケットボールチームは好成績なので，新しいアリーナでプレーするのがふさわしい」を挙げ，「例，詳細」(E) を簡単に述べる。
3. 次の「理由」(R)「10 年間値上げがない」を挙げ，「例，詳細」(E) を簡単に述べる。
4. 残り時間があれば，「結論」(C) として「男性は値上げを支持」と再度述べる。

Exercise 3 解答解説

リーディングメモ

M	$75 inc s fee → new a
R1	old gym not sup bb t
R2	1st inc 10 y

会話メモ

M	w n raise fee
R1	n fair ask all
E1	n care n time bb
R2	let them pay
E2	inc $10/t al contri

inc=increase, s=student, a=arena, sup=support, bb=basketball, t=teams, y=years, w=woman, n=not/no, t=ticket, al=alumni, contri=contributions

スクリプト

W : A new sports arena? I don't think the university should raise the student fees to build a new sports arena. It's not fair to ask all students to pay an extra $75.

M : Well, the old gymnasium is small, smelly, and drab. Do you really think our basketball teams should continue to play there?

W : Look, I know some people think it's a big deal our women's basketball team made it to the national quarterfinals last year. But a lot of us don't care. I'm a pre-med student. I don't have time for basketball games.

M : I can see your point. But not everyone feels the same as you do.

W : Then let them pay for the arena themselves.

M : How?

W : Increase ticket prices by, say, $10 per ticket? If some people think it's important to have a fancy new arena for our teams, let them pay more to attend the games.

M : I don't think they could raise enough that way. Just do the math.

W : Then they should solicit more alumni contributions to cover the shortfall. In any case, it shouldn't come out of the pockets of students who don't attend the games. It's not fair that everyone's money is used for the benefit of only a few.

スクリプトの訳

W：新しいスポーツ・アリーナですって？ 大学は新しいスポーツ・アリーナを建てるために，学生費を上げるべきじゃないと思う。全学生に75ドル余計に払うように求めることは公平ではないよね。

M：うーん，古い体育館は，小さくて臭くてさえないよね。うちのバスケットボールチームがあそこでプレーを続けるべきだと本当に思う？

W：あのね，うちの女子バスケットボールチームが昨年，全国大会の準々決勝まで行ったのはたいしたことだって思う人たちがいるのは知っているわ。でも，私たちの多くは関心がないよね。私は医学部進学課程の学生で，バスケットボールの試合に割く時間はないんだ。

M：君が言っていることはわかるよ。でも，みんなが君と同じように感じているわけじゃないよ。

W：そうしたら，そういう人にアリーナのためのお金を出してもらったらいいよね。

M：どうやって？

W：チケットを1枚あたり，例えば10ドル値上げするとか？ うちのチームのために素晴らしい新しいアリーナを持つことが重要だと思う人たちがいるなら，その人たちに試合観戦でもっと払ってもらうのよ。

M：それじゃあ十分にはお金は集められないと思うな。ちょっと計算してみてよ。

W：それなら不足分をカバーするために，もっと卒業生の寄付を求めるべきね。いずれにしても，試合に行かない学生たちの懐から出されるべきではないよ。ごく一部の人たちの利益のために，みんなのお金が使われるのは公平じゃないよね。

解答例　track 07

The woman is against the university's announced $75 increase in student fees. That's because she thinks it's unfair to ask all students to pay for the construction of the new sports arena. She acknowledges that the school's basketball teams are successful, and that some students support them. But she points out that not every student cares about them. She herself is too busy as a pre-med student to pay attention to basketball. She suggests that students who think the new arena is necessary should pay for it themselves by paying a surcharge of $10 per ticket. If that doesn't raise enough money, she recommends soliciting more alumni contributions to cover the shortfall. In any case, she doesn't think the fee increase is justified if it only benefits some students and not others.

訳 女性は大学が発表した75ドルの学生費値上げに反対しています。それは，新しいスポーツ・アリーナの建設費を，すべての学生が負担するよう要求することは公平ではないと考えているからです。大学のバスケットボールチームは好成績を収めていて，一部の学生がチームを支援していることを，彼女は認識しています。しかし，すべての学生がそれらのチームに関心があるわけではないと彼女は指摘しています。彼女自身は医学部進学課程の学生として忙しすぎて，バスケットボールに注意を払うことはできません。新しいアリーナが必要であると思う学生たちが，1枚のチケットに10ドルの割増金を支払って自ら負担することを彼女は提案しています。もしそれで十分な資金が集まらないなら，不足分をカバーするために，もっと卒業生の寄付を求めることを勧めています。いずれにしても，学生費の値上げで一部の学生だけが恩恵を受け，他の学生がそうでないなら，値上げは正当ではないと彼女は考えています。

解説

良い解答の基本的な構成は次のとおりです。自分の解答をチェックしましょう。

1. 「主題」（M）として，「女性は学生費の値上げに反対」と述べる。
2. 最初の「理由」（R）「アリーナの建設費用を全学生に負担させるのは不公平」を挙げ，「例，詳細」（E）を簡単に述べる。
3. 次の「理由」（R）「チケットに割増金を付ければよい」を挙げ，「例，詳細」（E）を簡単に述べる。
4. 「結論」（C）として，「女性は値上げに反対」と再度述べる。

STEP 8

Q3の解答の組み立て方をマスターする

対応 Question 

学習目標

アカデミックなトピックの課題文を読み，それに関する講義を聞き，メモを取った上で要点を述べる Question 3の解答の型を学び，その組み立て方をマスターします。

ポイント

1. 課題文の構成を把握しつつ読み，要点をメモ

課題文は約 80 ～ 110 語で，45 秒（または 50 秒）で読みます。全体の構成に注意して読み，リーディングメモを作成します。

2. 課題文と講義の関係を理解しつつ，聞きながら講義の要点をメモ

課題文と同じトピックに関する講義（約 60 ～ 90 秒間）を聞きます。講義は通常，「主題」（M），「理由／ポイント」（R/P），「例，詳細」（E）の順です。リーディングメモの関連箇所の右側に講義メモを作ります。概略的な課題文の内容について，講義で述べられる例，詳細，発展的な情報を聞き取り，メモを作成します。

3. メモを見ながら Question 3 の問題に解答

メモを見ながら，60 秒で要点の説明などを求める問題に解答します。

重要表現

◉講義における例を示す表現

▶ The speaker gives several specific examples to support points raised in the reading.

▶ The instructor provides examples of the points made in the reading.

◉講義における発展的情報を示す表現

▶ The professor provides additional information to further explain several of the points mentioned in the reading.

▶ The professor offers some further reasons to support the idea that sheep farming tends to be done in remote, rural areas.

45 秒で次の文章を読み，リーディングメモの下線部に適当な語句を入れてください。メモ全体の構成を確認し，下線部の前後にある語句に注意して，下線部に何が入るか推測してください。その後，講義を聞き，講義メモの下線部に適当な語句を入れてください。終わったら，自分のメモと解答解説にあるメモ例を比較してください。

Sheep Raising

Sheep are usually raised in remote, rural areas. There are essentially two reasons why they can be raised there. To begin with, wool does not spoil easily, and it can be shipped long distances. In addition, sheep can live in remote areas, even where there is little water for long periods of time. They can eat the sparsest grasses and shrubs. As such, even semi-arid plains, normally avoided by humans, are often appropriate habitats for the raising of sheep. For these reasons, it is not surprising that most sheep are kept in rural areas.

リーディングメモ

M	____ raised ________ area
R1	wl n spoil ship ________
R2	sh little ______
	eat sparse ______

講義メモ

M	←
R1	← easy store
E1	Mo Wy wl → __________
R2	←
E2	________ sys eat _________
	dst n human sh eat
C	sh remote cont

wl=wool, n=not, sh=sheep, ←=points in the reading, Mo=Montana, Wy=Wyoming, sys=systems, dst=desert, cont=continue

Exercise 1 のメモを基に，下記の問題に対する次の解答例を聞いてください。また，60 秒で音読してください。次に，Exercise 1 の自分のメモまたは解答解説にあるメモ例を使って 30 秒で準備し，解答例を見ないで Question 3-A の問題に 60 秒で答え，録音してみましょう。終わったら，自分の解答と解答例を比較してください。

Question 3-A

Using points and examples discussed by the professor in the lecture, explain why sheep are raised in rural areas.
（講義で教授が述べている要点や例を使って，羊はなぜへき地で飼育されているのかを説明してください）

解答例 track 09

In the lecture, the professor explains why sheep are typically raised in rural areas. He gives two reasons. First, he points out that wool is easy to store. So it can be transported quite far. For example, he mentions sheep farmers in Montana in the Western United States send their wool by truck all the way to the southern border with Mexico. Second, the professor explains that sheep can live in areas that are turning into deserts and that can't directly support people anymore. The sheep can live by eating the sparse plants that grow there. In addition, the sheep don't need to drink much water, so they fit well with this kind of land. The professor predicts that, because of these two reasons, sheep will continue to be raised in rural areas for some time to come.

Exercise 3

別の講義を聞き，メモの右側のスペースに重要な点を書いてください。終わったら，自分のメモと解答解説にあるメモ例を比較してください。自分のメモまたはメモ例を使って，Question 3-A の問題の解答を 30 秒で考え，60 秒で録音してください。終わったら，自分の解答と解答例を比較してください。

リーディングメモ		講義メモ
M	sh raised rural area	
R1	wl n spoil ship long dist	
R2	sh little water eat sparse gr	

sh=sheep, wl=wool, n=not, dist=distances, gr=grasses

Exercise 1 解答解説

下線部は特に重要な情報です。語の短縮形や記号を使ってわかりやすいメモにします。講義で言及されるリーディングのポイントは，「←」のような記号を使い，同じ情報を２度書かないようにしましょう。

リーディングメモ

M	sh raised rural area
R1	wl n spoil　ship long dist
R2	sh little water eat sparse gr

講義メモ

M	←
R1	←　easy store
E1	Mo Wy wl → Tx-Mx br
R2	←
E2	digest sys eat any dst n human sh eat
C	sh remote cont

sh=sheep, wl=wool, n=not, dist=distances, gr=grasses, ←=points in the reading, Mo=Montana, Wy=Wyoming, Tx-Mx=Texas-Mexico, br=border, digest=digestive, sys=systems, any=anything, dst=desertification, cont=continue

課題文の訳 **牧羊**

羊は通常，人里離れたへき地で飼育されます。そのような場所で飼育できる理由は基本的に2つあります。まず，羊毛は簡単には傷まず，長距離の輸送が可能です。さらに，羊は人里離れた場所，水がほとんどない場所でさえも長期間生きることができます。彼らはとてもまばらな草や低木すら食べることができます。そのようなことから，人が通常避けるような半乾燥平原地帯でさえも，しばしば羊を飼育するのに適切な生育地になります。これらの理由により，ほとんどの羊がへき地で育てられているのは，驚くべきことではありません。

スクリプト　track 08

Sheep farming has historically been done in remote areas. Because wool does not spoil, it is easy to store, which also makes it possible to ship it long distances. An excellent example of this can be found in the Western United States. Sheep farmers in Montana and Wyoming raise their sheep high in the Rocky Mountains. After shearing the sheep, the unspun wool is sent by truck several thousand miles to textile factories on both sides of the Texas-Mexico border.

In addition, sheep can also live for long periods of time in dry, remote hills and plains with little water and very sparse vegetation. The digestive systems of sheep allow them to eat just about anything; therefore, they don't need the grassy fields that are required by cattle. Near some major cities in the United States these days, there is increasing desertification. The land cannot sustain humans any longer, but sheep are perfectly capable of eating the sparse vegetation still existing there.

So given these conditions, sheep can be productively raised in remote areas, and this trend towards rural sheep farming is set to continue.

スクリプトの訳

牧羊は，歴史的に人里離れた場所で行われてきました。羊毛は傷みにくいので保管がしやすく，そのため長距離輸送も可能です。その好例がアメリカ西部で見られます。モンタナ州とワイオミング州の羊農家は，ロッキー山脈の高地で羊を飼育しています。羊の毛を刈った後，紡績されていない羊毛は，テキサス州とメキシコの国境の両側にある織物工場へ，トラックによって数千マイル輸送されます。

また，羊は水がほとんどなく，植物もひどくまばらな，乾燥した人里離れた丘や平原で長期間生きることもできます。羊の消化器官をもってすればほぼ何でも食べることができるので，牛が必要とする草原は羊には必要ありません。最近，アメリカの大都市の近くでは，砂漠化が進んでいるところがあります。人間が住めなくなった土地でも，羊ならまだ残っているまばらな植物を問題なく食べることができるのです。

したがって，これらの状況から判断して，人里離れた場所でも羊を生産的に飼育することが可能であり，このようなへき地での牧羊傾向は今後も継続するでしょう。

Exercise 2 解答解説

解答では，課題文と講義の要点について，教授が挙げている点や例を使って，羊はなぜへき地で飼育されるのかを説明します。

訳 講義の中で教授は，なぜ羊が一般的にへき地で飼育されているのかを説明しています。彼は2つ理由を挙げています。第1に，羊毛は保管が容易であることを指摘しています。そのため，かなり遠くまで輸送できます。例えば，アメリカ西部のモンタナ州の羊農家は，はるばるメキシコとの南の国境までトラックで羊毛を輸送することを，彼は挙げています。第2に，砂漠化しつつあって，人間をもう直接支えられなくなった地域でも，羊は生きていけると教授は説明しています。羊はそこに生えているまばらな植物を食べて生きていくことができます。加えて，羊は水をあまり飲まなくてよいので，このような土地と相性が良いのです。これら2つの理由から，今後もしばらくはへき地で羊が飼育され続けるだろうと教授は予想しています。

Exercise 3 解答解説

下線部は特に重要な情報です。重要な語をどのように短縮して書くか，日頃から検討して練習しておくと役立ちます。

リーディングメモ	
M	sh raised rural area
R1	wl n spoil ship long dist
R2	sh little water
	eat sparse gr

講義メモ	
M	←
R1	econo cost sav
E1	land less ex
	← farm → faci
	use 2 yr store long
R2	← pra
E2	eat any
C	sh remote cont

sh=sheep, w=wool, n=not, dist=distances, gr=grasses, ←=points in the reading, econo=economic, sav=savings, ex=expensive, faci=facilities, yr=years, pra=practical, any=anything, cont=continue

解答例 track 11

The instructor agrees with the main points of the reading and offers some further reasons to support the idea that sheep farming tends to be done in remote, rural areas. First of all, the cost of raising sheep in rural areas is much less than it would be if they were raised closer to where the wool products are produced. To begin with, land is much cheaper there. And the fact that wool doesn't spoil allows it to be shipped long distances from the rural farms to the production facilities. Next, sheep are capable of eating almost anything, so they can live in dry, remote areas with very sparse vegetation. They don't need grassy fields the way cattle do. Thus, the trend towards raising sheep in rural areas will likely continue, according to the professor.

訳 講師は課題文の要点に同意し，羊の飼育は人里離れたへき地で行われる傾向があるという考えを支持するさらなる理由をいくつか挙げています。まず第1に，へき地で羊を飼育するコストは，羊毛製品を製造する場所の近くで飼育する場合よりも，ずっと低くなります。そもそも，そこでは土地ははるかに安いのです。そして，羊毛は傷みにくいので，へき地の農場から製造施設まで長距離輸送することが可能です。次に，羊はほとんど何でも食べることができるので，草木がとてもまばらな乾燥した人里離れた地でも生きていくことができます。牛のように草地を必要としないのです。したがって，教授によると，へき地で羊を飼育する傾向は（今後も）続く可能性が高いだろうとのことです。

スクリプト track 10

As your textbook indicates, it is definitely true that sheep are usually raised in rural areas. The first reason is mainly economic. The land is far less expensive than in places where the wool is spun into fibers to produce garments and blankets. Furthermore, because wool does not deteriorate when shipped, it's possible to have sheep farms be located far away from manufacturing facilities. According to most estimates, raw wool that is properly packaged can be still used up to two years after it is originally shipped. That means it can be shipped and even stored for a long time. So there are significant cost savings from raising sheep in remote regions.

Secondly, there's a practical reason. Sheep are like vacuum cleaners, and they can eat almost anything. Just like goats in old cartoons that eat tin cans and other inedible stuff, the digestive system of sheep allows them to process even the sparsest vegetation. Compared to cattle, which require lush pasture land for the nutrition they need, sheep are able to thrive off of even the smallest shrubs and shoots. As everyone knows, increasing desertification of many areas means there are fewer areas where animals can graze on fertile fields. However, even in dry areas, sheep can be raised successfully, even where it is difficult to support human settlements.

For these reasons, I strongly believe that the farming of sheep in rural areas is a trend that will continue for many years to come.

スクリプトの訳

教科書が示しているように，確かに羊はへき地で飼育するのが一般的です。その第1の理由は，主に経済的なものです。羊毛を紡いで繊維にし，衣服や毛布を生産する場所よりも，土地がはるかに安いのです。さらに，羊毛は輸送中に劣化しないため，生産工場から遠く離れた場所に牧羊場を持つことが可能です。多くの見積もりによると，適切に梱包された原毛は，出荷後最長2年間は使用できるということです。つまり，長期間にわたる輸送や保管さえ可能なのです。したがって，遠隔地で羊を飼育することで大幅なコスト削減ができます。

第2に，現実的な理由があります。羊は掃除機のようなもので，ほとんど何でも食べることができます。ブリキ缶やその他の食べられないものを食べる昔のアニメのヤギと同じように，羊の消化器系は，まばらな草木でさえ処理することができます。牛が必要な栄養をとるために緑豊かな牧草地を必要とするのに比べ，羊はほんの小さな低木や芽でさえも育つことができます。誰もが知っているように，多くの地域で砂漠化が進んでいるということは，肥沃な土地で動物が草を食べられる地域が少なくなっているということです。しかし，乾燥した地域でも，人間の居住を支えることが困難な場所でさえも，羊をうまく育てることができるのです。

これらの理由から，へき地における羊の飼育は，今後も長く続く傾向であると私は強く思っています。

STEP 9

Q3の解答力を伸ばす：課題文と講義を結びつけて答える

対応 Question 1 2 **3** 4

学習目標

Question 3の課題文を読み講義を聞いてメモを取り，それを基に要点を適切に述べる力を伸ばします。特に課題文と講義の関係を示す表現を適切に用いられるようにします。

ポイント

■ **Question 3 の解答の構成と内容をチェック**

Question 3 における解答の基本的な構成は次のとおりです（理由／ポイントが２つの場合）。

1. 主題（M） 課題文と講義の関係性を確認して主題を述べます。
2. 構成（O） 主題の「理由／ポイント」（R/P）の数を述べます（時間がなければ省略可）。
3. 第１の「理由／ポイント」（R/P）と「例，詳細」（E）
4. 第２の「理由／ポイント」（R/P）と「例，詳細」（E）
5. 結論（C） 主題について再度述べます（時間がなければ省略可）。

■**課題文と講義の関係を示す表現を適切に使用**

例えば，下記の重要表現を用いることができます。

重要表現

◉課題文と講義の関係を示す表現

▶ According to both the reading and the lecture, good relationships with co-workers help employees enjoy their jobs more.

▶ Both the reading and the lecture emphasize the importance of personal relationships.

▶ In the lecture, the professor supports the reading by recommending you show appreciation to co-workers.

▶ All of these specific examples in the lecture support the main points made in the reading.

  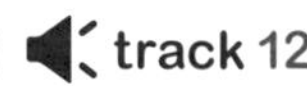

45 秒で次の文章を読み，リーディングメモに要点をメモしてください。その後，講義を聞き，講義メモに要点をメモしてください。終わったら，自分のメモと解答解説にあるメモ例を比較してください。

The Psychology of the Office

In the typical office workplace, employees spend an average of 40 hours a week with co-workers. According to career experts, employees with good relationships with their colleagues enjoy their jobs more and receive more favorable job evaluations. To cultivate such good relationships, two types of communication are especially important: initiating personal contact and then showing consideration to co-workers. In other words, getting to know your fellow office workers is the first step, and then expressing that you appreciate them is the second.

リーディングメモ

講義メモ

Exercise 2

Exercise 1 のメモを基に，次の問題に対する解答を 30 秒で考え，60 秒で録音してください。数回やってみてください。終わったら，自分の解答と解答解説にある解答例を比較してください。

Question 3-B

Using the specific examples given by the professor in the lecture, explain how employees can develop good relationships in the office.
（教授が講義で示した具体例を使って，職場で社員が良好な関係を築ける方法を説明してください）

Exercise 3

(1) 以下は Question 3-B に対する，改善すべき点のある解答例です。これを読み，解答例の良い点と改善すべき点を挙げてください。

The lecture agree to the points in the reading. It is important for us to make good relationships with people who we working with. She gives two advices. One, we should introduce ourselves to people, even we don't know those people. Don't just talk about job. Tell them something interesting about you as a person so other people can understand you. Two, she says we must praise other people if something good is happened, like if they are successful in making a sale or writing good report. So we need to say congratulations to make other people feel like appreciated. Then those people will want to work with us, and work will be more fun and valuable for everyone.

良い点：

改善すべき点：

(2) 今度は別の改善すべき点のある解答例を読んだ上で，同様に解答例の良い点と改善すべき点を挙げてください。

Both a reading and a lecture emphasize a need for making good personal relationship with other people in our office. Some people have the experience of working in office for internship, but when graduate and work full-time, this kind of relationship becomes really important in business. First thing she says is to talk to people we don't know yet and introduce each other. This helps building trust. She says one-word answer not enough, so add some information about you as a person. Next, always say good morning and make eye contact to show you're friendly person. And if your co-worker does something good in business, be sure to tell that person your appreciation their contribution to the team. That makes a good work environment for everybody.

良い点：

改善すべき点：

Exercise 4

track 13

次の Question 3-B の良い解答例を聞いた後，音読してください。課題文と講義を結びつけている表現に下線を引いてください。

解答例

According to both the reading and the lecture, good relationships with co-workers help employees enjoy their jobs more and receive better job evaluations. In particular, both the reading and the lecture emphasize the importance of personal relationships and showing appreciation for colleagues. The lecture gives specific examples of how to do this. In the lecture, the professor suggests introducing yourself to colleagues you don't know in the office and telling them something personal about yourself. The professor also suggests greeting co-workers, smiling, and making eye contact. In the lecture, the professor further supports the reading by recommending you show appreciation to co-workers by congratulating them if they prepare a good report or make a sale. All of these specific examples in the lecture support the main points made in the reading.

Exercise 1 解答解説

課題文を45秒で読んでメモを取るには，主に下線部の重要な情報を書きます。

リーディングメモ	講義メモ
psy of gd rs → enj job fav eval imp com 1. pers con know 2. show cons app	psy wkpl how gd rs 1. intr name >1 wd self 2. ← sm eye cong ach enj qk pro

psy=psychology, of=office, gd=good, rs=relationships, enj=enjoy, fav=favorable, eval=evaluations, imp=important, com=communication, pers=personal, con=contact, cons=consideration, app=appreciate, wkpl=workplace, intr=introduce, >=go beyond, wd=word, self=yourself, ←=points in the reading, sm=smile, eye=eye contact, cong=congratulate, ach=achievements, qk=quick, pro=promotions

課題文の訳　職場の心理学

典型的な事務職の職場では，社員は週に平均40時間，同僚と一緒に過ごします。キャリアの専門家によると，同僚と良好な関係を築いている社員は，より仕事を楽しみ，より良い業績評価を得ています。このような良好な人間関係を築くには，2種類のコミュニケーションが特に重要です。率先して人とコンタクトをとることと，それから同僚に心遣いを示すことです。つまり，同僚を知ることが第1段階で，それから，彼らを評価していると示すことが第2段階というわけです。

スクリプト

Many of you have already experienced an office environment during a summer job, or maybe during an internship. When you graduate, you will probably be experiencing it full-time. So today I want to talk about the psychology of the workplace, and how to cultivate good relationships.

First of all, introduce yourself. Don't be shy. If you are on an elevator or by the water cooler with people you work with, and you don't know those people yet, tell them your name and ask them theirs. Then, if they ask you a question, go beyond a one-word answer and let them know something about yourself. That's the beginning of a relationship.

The next step is once you know them, be considerate and show appreciation.

When you arrive in the morning, say good morning, smile, and make eye contact. That indicates you are the type of person they want to be around. Related to that, whenever possible, show appreciation. Everyone likes to be recognized for a job well done. Congratulate colleagues on achievements such as making a sale or preparing a report. These kinds of things will make your working life more enjoyable and, according to experts, even lead more quickly to promotions.

スクリプトの訳

皆さんの多くは，夏のアルバイトやもしかしたらインターンシップで，すでに職場環境を体験していることでしょう。卒業後は，おそらくフルタイムでそれを経験することになるでしょう。そこで今日は，職場の心理学と，良い人間関係を培う方法についてお話ししたいと思います。

まず，自己紹介をしましょう。恥ずかしがらないでください。もし一緒に働いている人とエレベーターの中で，あるいは冷水機の近くで一緒になり，まだその人のことを知らないなら，自分の名前を伝え，相手の名前を聞いてください。それから，相手が質問してきたら，一言で答えるだけでなく，相手に自分のことを何か知ってもらいましょう。それが人間関係の始まりです。

次のステップは，ひとたび相手のことを知ったら，思いやりを持ち，相手を認めていることを表しましょう。朝出社したら，おはようございますと言って，笑顔で，目を合わせてください。そうすることで，相手にとってあなたは一緒にいたいタイプの人だということを示すことができます。それに関連して，可能なときはいつでも，相手を認めていることを示しましょう。誰もが，よくやった仕事を評価されるのが好きです。販売に成功したとか報告書を準備したなどの成果を上げた同僚を祝福しましょう。このようなことは，職場での生活をより楽しくし，また，専門家によれば，より早い昇進にさえつながります。

Exercise 2 解答解説

解答例

The professor agrees with the points made in the reading about the importance of establishing and maintaining good personal relationships in the workplace. She gives two specific pieces of advice about how to do this. To begin with, she recommends that you introduce yourself to people you don't know yet. She suggests that you tell them something about you as a person. It'll make them want to work with you. Next, she mentions how important it is to show your appreciation for the contributions made by others. If someone makes a big sale, for example, you should congratulate that person directly. According to the professor, that will not only make your workplace more enjoyable for you and your colleagues but also eventually help you get a promotion more quickly.

 教授は，職場で良好な人間関係を築き，維持することの重要性について，課題文で指摘された点に同意しています。その方法について，彼女は２つの具体的なアドバイスをしています。まず，まだ知らない人に対して，自己紹介をすることを勧めています。あなたがどのような人かについて何か話すことを提案しています。それによって，相手はあなたと一緒に仕事をしたいと思うようになります。次に，他の人の貢献を認める気持ちを表すことの大切さについて，彼女は述べています。例えば，大きな販売実績を出した人がいたら，その人に直接お祝いを言うべきでしょう。教授によると，そうすることで，自分にとっても同僚にとっても職場がより楽しくなるだけでなく，ひいては昇進も早くなるでしょう。

Exercise 3 解答解説

解説

(1) 良い点：

構成は適切で，最初に課題文と講義の関係を適切に述べています。教授が挙げた具体例を使って職場で良好な関係を築く方法を説明しています。

改善すべき点：

文法のミスを直す必要があります。（直し方は一例です）

語彙，主語と動詞の一致　The lecture agree to the points
→ The lecturer agrees with the points

動詞の形　people who we working with → people (whom/who) we work with
something good is happened → something good happens

名詞の単数形・複数形　two advices → two pieces of advice
writing good report → writing good reports

脱落　even we don't know → even if we don't know
talk about job → talk about your job

語彙　One, ... Two, ... → First, ... Second, ...

余剰　feel like appreciated → feel appreciated

(2) 良い点：

良い構成であり，最初に「主題」（M）を述べた後，教授が挙げた職場で良好な関係を築く具体的な方法について話しています。

改善すべき点：
文法のミスを直す必要があります。（直し方は一例です）

冠詞　a reading and a lecture → the reading and the lecture
a need → the need
working in office for internship → working in an office for an internship
First thing → The first thing
you're friendly person → you're a friendly person

脱落　good personal relationship → good personal relationships
when graduate → when they graduate
one-word answer not enough → one-word answers are not enough

語の形　helps building trust → helps build trust
your appreciation → you appreciate

Exercise 4 解答解説

下線部が課題文と講義を結びつけている表現です。これほど多くを使うことは必須ではありませんが，１～２つでも表現を効果的に使うと，課題文と講義の関係をよく理解していることを示すことが可能です。

track 13

According to both the reading and the lecture, good relationships with co-workers help employees enjoy their jobs more and receive better job evaluations. In particular, both the reading and the lecture emphasize the importance of personal relationships and showing appreciation for colleagues. The lecture gives specific examples of how to do this. In the lecture, the professor suggests introducing yourself to colleagues you don't know in the office and telling them something personal about yourself. The professor also suggests greeting co-workers, smiling, and making eye contact. In the lecture, the professor further supports the reading by recommending you show appreciation to co-workers by congratulating them if they prepare a good report or make a sale. All of these specific examples in the lecture support the main points made in the reading.

訳 課題文と講義両方によると，同僚との良好な関係は，社員がより楽しく仕事をし，より良い業績評価を受けるのに役立つとのことです。特に，課題文と講義の両方とも，個人的な人間関係の重要性と同僚への評価を示すことの重要性を強調しています。講義では，その方法について具体的な例を挙げています。講義の中で教授は，職場の初対面の同僚に自己紹介をし，自分の個人的なことを話すことを提案しています。また，同僚に挨拶し，笑顔を見せ，アイコンタクトをとることも提案しています。講義で教授は，同僚が良い報告書を準備したとか，販売に成功した場合，祝福することで評価していることを示すことを勧め，それにより課題文をさらに裏づけています。こうした講義での具体例はすべて課題文で述べられた要点を裏づけています。

STEP

10 Q4の解答の組み立て方をマスターする

学習目標

アカデミックなトピックの講義を聞き，講義に関して説明をする Question 4 の講義の構成，および効果的にメモを取り解答を組み立てる方法をマスターします。

ポイント

1. 講義を聞きながらその構成を把握

Question 4 の講義は，約 90 ～ 120 秒です。講義では，通常「主題」（M），次にその主題を裏づける「理由／ポイント」（R/P），「例，詳細」（E）が述べられます。「接続語句」（T）の後をよく聞くと，「理由／ポイント」や「例，詳細」が把握しやすくなります。

2. 解答に役立つ要点メモを作成

3. メモを見ながら問題に解答

効果的な講義メモを取るポイントは次のとおりです。

■講義の構成がわかるメモ

メモの書き方を工夫します。大きな項目には左端からのスペースを少なく，詳細には多く取り，一目で全体の構成がわかるようにします。

■略語，記号を活用したメモ

略語（例：oxygen → O），記号（例：larger → >）を使いメモを取ります。

■重要な情報のみのメモ

接続詞，前置詞，冠詞などの機能語は書かず，主に名詞，動詞，形容詞など，内容語を書きます。例えば次の語句の後に，よく重要な情報が述べられます。

First, / Second, / the important point is ... / the real reason is ...

■言い換えを記したメモ

講義には難しい用語が出てきます。その語句の直後に言い換えられることがありますので，注意して聞き取りましょう。例えば次の語句が言い換えをするときによく用いられます。

which means ... / that is ...

重要表現

◉講義の中で因果関係や影響を述べる表現

▶ Trees contribute to a healthy environment by reducing air pollution and producing oxygen.

▶ Trees have a positive influence on business.

▶ Businesses and business leaders recognize the positive influence of trees on the business climate.

▶ City governments can no longer ignore the effect of trees on health and business.

Exercise 1

次の講義をまず聞き，それから読んで，M（主題），R/P（理由／ポイント），E（例，詳細），C（結論），T（接続語句）に当たる文や語句に下線を引き，その下に M，R/P，E，C，T と書き入れてください。

We all tend to take trees for granted—even city-dwellers—since those leafy green canopies seem to be all around us. But it's only in recent years that economics and science have given us the undeniable evidence to support urban policies that promote tree cover. First, on an individual basis—for property owners, that is—trees are worth a lot of money. For instance, economic studies show that a single tree in the front yard increases the value of a house by about one percent. That may not seem like much, but in simple economic terms, this means a single tree is worth $2,500 for a $250,000 house, and $5,000 for a $500,000 house. Furthermore, the energy savings for homeowners are enormous. Put simply, trees keep homes cooler. For example, it is estimated that the average home saves $242 annually in cooling costs with properly planted trees. Over ten years that's a couple of thousand dollars. Second, trees create a better climate in the city—I mean that literally, not just in terms of personal feeling or public beauty. In major cities in North America, scientists have found that the massive areas devoted to buildings, streets, and parking lots raise temperatures by as much as 9 degrees compared to the surrounding suburbs—that's a lot. Moreover, even within the same city, it is common for temperatures to be 20 degrees lower on a shady street than in areas without tree cover. In other words, more trees mean lower temperatures for everyone. Therefore, from both perspectives—that of the individual homeowner and that of the general public—promotion of tree care and tree planting makes a lot of sense.

Exercise 2

Exercise 1の講義を段落に分けてみましょう。各段落の初めに段落番号を入れてください。

Exercise 3

Exercise 1, 2と同じトピックの別の講義を聞き，次のメモを完成させてください。

講義メモ

M	can't take tr granted
O	infl ___________ & ___________
R/P1	cont __________
E1	soak gas & par
	Cal city $30 mil/yr clean-up
E2	prod __________
	2 tr = ______________
R/P2	infl ______________
E1	pos env attract cust
	s com ___% pp shop busi __________________________
C	city gov n ig tr effect health & busi

tr=trees, infl=influence, cont=contribute, par=particles, Cal=California, mil=million, yr=year, prod=produce, pos=positive, env=environment, cust=customers, s=southern, com=community, pp=people, busi=business, gov=governments, n=not/no longer, ig=ignore

Exercise 3 のメモを見ながら，以下に示した Question 4-A の解答例を聞いてください。次にそれを音読してみましょう。

Question 4-A

Using points and examples from the talk, explain what influences trees have.

（講義の要点と例を用いて，木がどのような影響を与えるかを説明してください）

We can't take trees for granted any longer because they influence both the quality of a city's health and business environments. First, trees contribute to health. They absorb harmful gas and particles—one city in California saves $30 million a year on pollution clean-up thanks to trees. Moreover, trees produce oxygen, with two trees giving off as much oxygen as one person needs for an entire year. Second, trees have a positive influence on business. A good natural environment attracts customers. One southern city found 74 percent of the people would rather go to shops and businesses that have trees and other landscaping. City governments can no longer ignore the effect of trees on health and business.

①We all tend to take trees for granted—even city-dwellers—since those leafy green canopies seem to be all around us. But it's only in recent years that economics and science have given us the undeniable evidence to support urban policies that promote tree cover.
M

② First, on an individual basis—for property owners, that is—trees are worth a lot of money. For instance, economic studies show that a single tree in the front yard increases the value of a house by about one percent. That may not seem like much, but in simple economic terms, this means a single tree is worth $2,500 for a $250,000 house, and $5,000 for a $500,000 house. Furthermore, the energy savings for homeowners are enormous. Put simply, trees keep homes cooler. For example, it is estimated that the average home saves $242 annually in cooling costs with properly planted trees. Over ten years that's a couple of thousand dollars.
T R/P T E E T E T E E

③ Second, trees create a better climate in the city—I mean that literally, not just in terms of personal feeling or public beauty. In major cities in North America, scientists have found that the massive areas devoted to buildings, streets, and parking lots raise temperatures by as much as 9 degrees compared to the surrounding suburbs—that's a lot. Moreover, even within the same city, it is common for temperatures to be 20 degrees lower on a shady street than in
T R/P E T E

CHAPTER 2 STEP 10

areas without tree cover. In other words, more trees mean lower temperatures for everyone.

④ Therefore, from both perspectives—that of the individual homeowner and that of the general public—promotion of tree care and tree planting makes a lot of sense.

スクリプトの訳

緑の葉の覆いが周りの至るところにあるように思われるので，私たちは皆，都会の住民さえも，木を当たり前のものとして考える傾向にあります。しかし，木の覆いを増やす都市政策を裏づける明白な証拠を経済学と科学から得たのは，つい近年のことです。

第1に，個人レベルでは，すなわち不動産所有者にとっては，木は高額の価値があります。例えば，前庭の1本の樹木は，家屋の価値をおよそ1パーセント高めることが，経済学の研究で示されています。多いと思われないかもしれませんが，単純な経済的観点から見ると，25万ドルの家屋では2,500ドル，50万ドルの家屋では5,000ドルの価値を1本の樹木が持っていることになります。さらに，住宅所有者が節約できるエネルギー量は莫大なものです。簡単に言えば，木が家を涼しい状態に保ってくれるのです。例えば，適切に木を植えることにより，平均的な家庭では冷房代を年242ドル節約できると推定されています。10年では2,000ドルになります。

第2に，木は都市の気候をより良くします。単に個人の感覚や公共の美観上のことだけを言っているのではなく，文字どおり気候を良くするということです。北米の主要都市では，建物，道路，駐車場になっている広い地域の気温が，周りの郊外の地域と比較して（華氏）9度も上昇していることを科学者は発見しました。大変に高い数値です。さらに，同じ都市の中でさえ，木の覆いがない地域より，木陰ができている街路のほうが20度も低いことはよくあります。言い換えれば，誰にとっても，木がより多くなれば，気温がより低くなるのです。

したがって，個々の住宅所有者と一般の人々の双方の見地から，木の保護と植え付けを推進することは，大いに意味があります。

Exercise 2 解答解説

段落番号を入れる箇所は Exercise 1 の解答解説を参照してください。全体の構成は4段落で，各段落は次のような内容です。

第 1 段落	introduction	M（主題）
第 2 段落	body	R/P（理由／ポイント），E（例，詳細）
第 3 段落		
第 4 段落	conclusion	C（結論）

全体の構成を把握しながら，重要なポイントを略語を用いて記入することが大切です。

講義メモ

M	can't take tr granted
O	infl health & busi env
R/P1	cont health
E1	soak gas & par
	Cal city $30 mil/yr clean-up
E2	prod O
	2 tr = O 1p/yr
R/P2	infl busi
E1	pos env attract cust
	s com 74% pp shop busi tr & lsc
C	city gov n ig tr effect health & busi

tr=trees, infl=influence, busi=business, env=environment, cont=contribute, par=particles, Cal=California, mil=million, yr=year, prod=produce, O=oxygen, p=person, pos=positive, cust=customers, s=southern, com=community, pp=people, lsc=landscaping, gov=governments, n=not/no longer, ig=ignore

スクリプト

track 15

Although trees are all around us, they are something we can no longer afford to take for granted. (M) In recent years, both public health experts and business leaders have offered strong evidence that a city's trees influence both the quality of its health and business environments. (O)

First, trees contribute to a healthy environment by reducing air pollution and producing oxygen. (R/P) For example, a mature tree soaks up between 120 to 240 pounds of gas and particles a year—that means it absorbs harmful particles and chemicals in the air before we breathe them in. (E) In Sacramento, the capital of California, public health officials estimate that this "free" clean-up from the city's trees is worth about $30 million a year. (E) Furthermore, trees produce the air that we breathe. (E) The typical human consumes about 386 pounds of oxygen per year, and a healthy 32-foot ash tree produces more than half of that annually. (E) This means that just two modest-sized trees release all of the oxygen a person needs for a year. (E)

Second, it may come as a surprise, but businesses and business leaders are also finally coming to recognize the positive influence of trees on the business climate. (R/P) Trees help create a positive environment that attracts and welcomes customers. (E) For example, in a business survey of one southern community, it was found that 74 percent of the public preferred to patronize shops and businesses whose surroundings were beautified with trees and other landscaping. (E) In short, the presence of attractive trees appeals to customers and spurs the economy. (E)

Given the effects of trees on the health of our urban environments as well as on the business climate, city governments can no longer afford to ignore these valuable resources. (C)

スクリプトの訳

木は私たちの周囲の至るところにありますが，もはやあって当たり前のものと考えることができないものとなっています。都市の木は，その健康とビジネス環境の両方の質に影響を与えるという確固たる証拠を，公衆衛生の専門家とビジネスリーダーの両方が近年提示しました。

第1に，木は大気汚染を減らし酸素を発生させることにより，健康的な環境に貢献します。例えば，十分に成長した1本の木は，年間120 ～ 240ポンドのガスと微粒子を吸収します。つまり，私たちが吸い込む前に，空気中の有害な微粒子や化学物質を吸収するのです。カリフォルニア州都のサクラメントでは，都市の木によるこの「無料の」浄化作用が，年間およそ3,000万ドルに値すると，公衆衛生担当者は見積もっています。さらに，木は私たちが呼吸する空気を作ります。平均的な人間は，1年におよそ386ポンドの酸素を消費し，高さ32フィートの健康なトネリコの木は，毎年その半分以上を作り出します。これは，ほどほどの大きさの木がたった2本で，1人の人間が1年間に必要とする酸素量の全部を放出するということです。

第2に，意外かもしれませんが，企業やビジネスリーダーもようやく，ビジネス環境に対する木の好ましい影響を認識するようになってきています。木は，顧客を引き寄せ，もてなす好ましい環境作りに一役買います。例えば，南部のあるコミュニティーのビジネス調査では，市民の74パーセントが，植栽やその他の自然景観で周辺環境が美化された店や企業をひいきにしたいと考えていることがわかりました。要するに，魅力的な木の存在が，顧客を引きつけ，そして経済に拍車をかけるのです。

ビジネスの情勢だけでなく健康的な都市環境に対する木の影響を考えると，都市の行政府はこれらの貴重な資源を無視することはもはやできません。

Exercise 4 解答解説

解答例では，まず主題として，木は都市の健康とビジネス環境の両方に影響を与えていることを述べ，健康に与える影響，ビジネスに与える影響それぞれについて詳細と例を用いて説明しています。

訳 木は都市の健康とビジネス環境の両方の質に影響を与えているので，私たちはもはや木をあって当たり前のものと考えることはできません。第1に，木は健康に貢献します。木は有害なガスと微粒子を吸収するのです。カリフォルニア州のある市では，木のおかげで汚染を浄化する費用を年に3,000万ドル節約しています。さらに，木は酸素を作り出しており，2本の木が，1人の人間が1年間に必要とする量の酸素を出しています。第2に，木はビジネスに好ましい影響を与えます。良い自然環境が顧客を引きつけます。ある南部の市では，市民の74パーセントが，植栽やその他の自然景観のある店や会社に行きたいと思っていることがわかりました。都市の行政府は健康とビジネスに対する木の影響をもはや無視することはできません。

STEP 11

Q4の解答力を伸ばす：講義の要点を適切に述べる

対応 Question 1 2 3 **4**

学習目標

Question 4のアカデミックな講義を聞いて問題に答える際，適切に要点を述べる力を伸ばします。

ポイント

■ Question 4 の解答の構成と内容をチェック

Question 4における解答の基本的な構成は次のとおりです。

1. 主題 (M)　講義の主題を述べます。
2. 構成 (O)　主題の「理由／ポイント」(R/P) の数を述べます（時間がなければ省略可）。
3. 第 1 の理由／ポイント (R/P) と例，詳細 (E)
4. 第 2 の理由／ポイント (R/P) と例，詳細 (E)
5. 結論 (C)　主題について再度述べます（時間がなければ省略可）。

■講義内容に言及する表現を適切に使用

下記の重要表現をうまく用いて，講義の内容を要約します。

重要表現

◉講義内容に言及する表現

▶ According to the professor, it wasn't until the late 19th century that the modern seismograph was invented.

▶ Regarding the magnitude scales, the professor states [mentions, claims] that there have been many attempts at coming up with a universal standard.

▶ The professor says that global warming adversely affected many animal species.

Exercise 1

講義を聞きながら，メモの下線部に適当な語句を入れてください。メモ全体の構成を確認し，下線部の前後にある語句に注意して，下線部に何が入るか推測してください。短縮した書き方や記号を多く使いましょう。＜ ＞は数字の大小を表しています。

講義メモ

M&O	seism eq 2 innov
	1. ______________ 2. ______________
R/P1	dev c
E1	drag jar China 2c
E2	late ____c modern seisph 3 Br sct J
R/P2	__________ scale attp n univ sta
E1	most known = ___________ whole # + decimal
	log scale whole # ↑ = ___________ ↑ 6.4 10 times > 5.4
	< 2.0 = mq

seism=seismology, eq=earthquake, innov=innovations, dev=devices, c=centuries/century, drag=dragon, seisph=seismograph, Br=British, sct=scientists, J=Japan, attp=attempts, n=no/not, univ=universal, sta=standard, #=number, log=logarithmic, ↑=increase, mq=microquake

Exercise 2

Exercise 1 のメモを使い，20 秒で準備をした後，60 秒で Question 4-B の問題に答え，録音しましょう。数回やってみてください。自分の解答と解答解説にある解答例を比較してください。

Question 4-B

Using points and examples from the talk, explain the important innovations in the field of seismology.

（講義の要点と例を使って，地震学の領域における重要な技術革新について説明してください）

Exercise 3

別の講義を聞いてメモを取ってください。

講義メモ

Exercise 4

Exercise 3 のメモを使い，20 秒で準備をした後，60 秒で Question 4-C の問題に答え，録音しましょう。数回やってみてください。自分の解答と解答例を比較してください。

Question 4-C

Using points and examples from the talk, explain how the squid has benefited from global warming.

（講義の要点と例を使って，イカがどのように地球温暖化の恩恵を受けているか説明してください）

xercise 1 

解答解説

講義メモ

M&O　seism eq　2 innov
　1. record eq　2. mes sys
R/P1　dev c
E1　drag jar China 2c
E2　late 19c modern seisph　3 Br sct J
R/P2　intensity scale attp　n univ sta
E1　most known = Richter Scale　whole # + decimal
　log scale　whole # ↑ = ten-fold ↑　6.4　10 times > 5.4
　< 2.0 = mq

seism=seismology, eq=earthquake, innov=innovations, mes=measurement, sys=systems, dev=devices, c=centuries/century, drag=dragon, seisph=seismograph, Br=British, sct=scientists, J=Japan, attp=attempts, n=no/not, univ=universal, sta=standard, #=number, log=logarithmic, ↑=increase, mq=microquake

スクリプト

track 17

Seismology, which is the study of earthquakes, has historically had two important innovations. The first involves the devices used to record earthquake activity. We call the most modern of these devices seismographs. The second involves the measurement systems that help interpret their recorded data.

Devices to measure earthquakes have been around for centuries—the first was the "dragon jar" made in China in the second century. It had eight dragons on the top of a jar, each with a ball in its mouth. When an earthquake happened, the ball fell out. Primitive, but clever. Over centuries, the sophistication of these detection devices increased. But it wasn't until the late 19th century that the first modern seismograph was produced. Can you guess where? In Japan. By three British scientists studying there. Why Japan? Because of its frequent earthquakes, that's why.

There have been numerous attempts over the past several hundred years to create an intensity scale that all seismologists could accept as a universal standard, but even today that standard is elusive. In the West, the most widely known scale is the Richter Magnitude Scale first developed by Charles F. Richter at the California Institute of Technology in 1935. On the Richter Scale, the intensity of an earthquake is expressed in whole numbers and decimals. This is a logarithmic scale, which means that each whole number increase on the scale represents a ten-fold increase in amplitude. Thus, a 6.4 earthquake, which we'd consider a strong earthquake, is ten times stronger than a 5.4 earthquake. Anything less than a 2.0 is called a microquake and is undetectable without a seismograph. These microquakes are constantly occurring, but we don't even notice them.

スクリプトの訳

地震学，すなわち地震の研究には，2つの重要な技術革新が歴史的にありました。1つ目は，地震活動を記録するために使われる装置です。これらの中で最も近代的な装置を地震計と呼んでいます。2つ目は，それにより記録されたデータの解釈を助ける測定システムです。

地震を測定する装置は何世紀も昔から存在しています。最初のものは「ドラゴンジャー」で，2世紀に中国で作られました。それはつぼの上に8頭の竜が付いていて，それぞれの口は玉をくわえていました。地震が起きると，玉が（口から）落ちました。原始的ですが，賢いやり方ですね。何世紀もたつうちに，これらの感知器は精巧さを増しました。しかし，近代的な地震計が初めて作られたのは，19世紀後半になってからでした。それはどこで作られたと思いますか？　日本でです。そこで研究していた3人のイギリス人科学者が作りました。なぜ日本だったのでしょうか。そこでは頻繁に地震があったからなのです。

すべての地震学者が普遍的な基準として受け入れられる強さの尺度を作るために，過去数百年間さまざまな試みがなされてきましたが，今日でもその基準は決めるのが困難です。西洋で最もよく知られている尺度は，リヒター・マグニチュード・スケールで，1935年にカリフォルニア工科大学のチャールズ・F・リヒターによって最初に開発されました。リヒター・スケールでは，地震の強さは整数と小数で表されます。これは対数の尺度で，それは尺度で整数が1つ増えると，大きさが10倍になることを意味します。それゆえ，6.4の地震，これは強い地震と見なされますが，その地震は 5.4の地震より10倍強いのです。2.0より小さい地震は微小地震と呼ばれ，地震計なしには感知できません。これらの微小地震は常に起こっていますが，私たちは気づきさえしないのです。

Exercise 2 解答解説

色のついた波線の文字は，講義内容に言及する表現です。すべての文にこの表現を入れるのではなく，1～2カ所に使うとよいでしょう。他の下線部は，解答でよく使われる便利な表現です。こうした表現を自分でも使いこなせるように練習しておきましょう。

解答例

The professor says that there were two important historical innovations in the field of seismology. The first was being able to record the physical characteristics of an earthquake and the second was intensity scales designed to interpret that data. According to the professor, even though there were attempts to create devices as early as ancient China, it wasn't until the late 19th century that the modern seismograph was invented by three British scientists working in Japan. Regarding the magnitude scales, the professor states that there have been many attempts at coming up with a universal standard, but this has not yet been created. The most widely accepted is the Richter Scale, which is a logarithmic scale with whole numbers and decimals. Each whole number increase represents a ten-fold increase in intensity, so a 6.4 earthquake is ten times greater than one that measures 5.4.

訳 教授は，地震学の分野で２つの重要な歴史的な技術革新があったと述べています。1つ目は地震の物理的な特徴を記録できるようになったことであり，２つ目はそのデータを解釈するために設けられた強さの尺度でした。教授によれば，早くも古代中国に装置を作る試みがありましたが，近代的な地震計は19世紀後半になって初めて，日本で働いていた３人のイギリス人科学者によって発明されました。地震規模の尺度に関しては，普遍的な基準を考案しようとする多くの試みがあったと教授は述べていますが，これはまだ作られていません。最も広く受け入れられているのがリヒター・スケールで，整数と小数を用いた対数の尺度です。整数が1つ増えることは，強さが10倍になることを表し，したがって6.4の地震は5.4の地震の10倍強いのです。

Exercise 3 解答解説

講義メモ

M	glo wa imp animal ben sq
P	dev n bother
E	larger pow # ↑
P	pred # ↓
E	tuna sea temp ↑ mig overfish 74% ↓
C	sq ben cc

glo=global, wa=warming, imp=impact, ben=benefit, sq=squid, dev=developed, n=not, pow=powerful, #=number, ↑=increase, pred=predator, ↓=decrease, temp=temperature, mig=migration, cc=climate change

スクリプト

Global warming is already threatening the existence of some animals—polar bears, for instance—and having an impact on where animals live. However, there are a few animal species that seem to be benefiting from this worldwide climatic change: the squid—"calamari," to some of you—is one of them.

First of all, the squid is one of the most highly developed of all invertebrates—it is already extremely well-adapted to its active predatory life. And it isn't bothered at all by rising ocean temperatures. While other species find it hard to adapt, the squid quickly makes itself at home and even tends to grow larger and more powerful, since the warmer waters seem to enhance its appetite. This adaptability is one of the main reasons for the huge increases in the worldwide population of squid we've seen in recent years.

Another reason is that both climate change and human activity have led to a huge decrease in numbers of the squid's natural predators. A good example of this is the giant tuna. Rising sea temperatures have caused tuna populations to migrate toward higher latitudes, in other words, away from tropical areas. This migration means that there are fewer tuna left to prey on the squid that remain. However, it is not only climate change that has reduced the tuna population. Overfishing of tuna is also an important factor. It is estimated that the world's population of tuna, one of the squid's most common enemies, is roughly 74 percent lower than it was in the previous century.

Therefore, for these two reasons, the squid's adaptability and reduced number of predators, the squid has actually benefited from climate change.

スクリプトの訳

地球温暖化は，例えばホッキョクグマなど一部の動物の生存をすでに脅かし，動物の生息地に影響を与えています。しかし，この世界的な気候変動の恩恵を受けていると思われる動物種がいくつかいます。イカ，または「カラマリ」と一部の人に呼ばれているものが，その中の1つです。

まず第1に，イカはすべての無脊椎動物の中で最も高度に発達した生物の1つであり，活発な捕食生活に，すでに極めてうまく順応しています。そして，海水温の上昇にまったく困っていません。他の生物種は順応するのが難しいのですが，イカは迅速に順応し，より大きく力強くなる傾向すらあります。海水温が上がり，イカの食欲を増進させているようだからです。この順応性が，近年見られるイカの世界的個体数の大幅な増加の主要因の1つです。

もう1つの理由は，気候変動と人間の活動の両方が，イカの天敵の数を大きく減少させていることです。その好例が巨大マグロです。海水温の上昇により，マグロの個体群は高緯度に向けて，つまり熱帯地方から遠ざかるように移動しています。この移動により，その場にとどまっているイカをえさとするマグロの数は少なくなっています。しかし，マグロの個体数を減らしているのは気候変動だけではありません。マグロの乱獲も重要な要因です。イカの最もおなじみの天敵の一種であるマグロの世界の個体数は，前世紀よりおよそ74パーセント減少していると推定されています。

したがって，イカの適応性と捕食者の減少というこの2つの理由から，イカは実際に気候変動の恩恵を受けているのです。

Exercise 4 解答解説

色のついた波線の文字は，講義内容に言及する表現です。すべての文にこの表現を入れるのではなく，1～2カ所に使うとよいでしょう。他の下線部は，解答でよく使われる便利な表現です。

解答例 track 19

The professor says that global warming adversely affected many animal species but the squid is an exception to this tendency. First of all, unlike many other sea creatures, the squid is not bothered by rising temperatures and, in fact, seems to thrive in the warmer waters produced by global warming. The warmer water stimulates the squid's appetite, so squid have even grown larger in size as well as in numbers. Secondly, migration of the squid's predators to higher latitudes where the water is cooler has reduced the number of predators, like the tuna. Overfishing of these natural predators is also a factor in the decline of the predator population. The tuna population has dropped by about 74%, according to the professor. As a result, the squid has actually benefited from the effects of climate change.

訳 地球温暖化は多くの動物種に悪影響を及ぼしたが，イカはこの傾向の例外だと教授は話しています。まず第1に，イカは他の多くの海洋生物と異なり，温度の上昇に困っておらず，それどころかむしろ，地球温暖化によって生じた温かい海水で丈夫に育っているようです。水温の上昇はイカの食欲を刺激するため，イカは数が増えるだけでなく，サイズも大きくなってきています。第2に，イカの捕食者が水の冷たい高緯度地域に移動することで，マグロのような捕食者が減少しています。これらの天敵の乱獲も捕食者数減少の一因です。教授によると，マグロの生息数は約74パーセント減少したとのことです。結果として，イカは気候変動の恩恵を実際に受けているのです。

STEP 12

総仕上げ①：発音・イントネーション・強勢を改善する

対応 Question 1 2 3 4

学習目標

Question 2を例に用いて，発音，イントネーション，強勢に注意を払い改善します。

ポイント

■話し方に関する採点基準を確認

TOEFL テストのスピーキングでは，英語母語話者のような発音が必要とされてはいませんが，聞き手にとってわかりやすく話すことは必須です。解答の評価は，Delivery, Language Use, Topic Development について総合的に行われますが，Delivery の評価基準のなかに，発音・イントネーション・強勢に関する記述があります。それらについて，いくつか小さな問題があってもよいので，全体的にわかりやすく，適切なペースで流暢に話せることが，高得点を取るためには必要です。TOEFL テスト日本事務局のウェブサイトで採点基準の詳細を確認することができます。

■発音の重要事項を確認

1）不要な母音を入れない

例　reserve/rɪzə́ːrv/　　× /rɪzə́ːrv**u**/

2）必要な母音を省かない

例　university/jùːnɪvə́ːrsəṭi/　　× /jùː**n**və́ːrsəṭi/

3）発音の区別ができる

例　/θ/ ↔ /s/　　think/**θ**ɪŋk/ ↔ sink/**s**ɪŋk/

■イントネーションと強勢に注意

イントネーションとは，話すときの声の高さ（ピッチ）の動きのことです。強勢とは，語や文を構成する特定の音節・語句を際立たせるために，高い調子で強く言うことです。日本人の話し方は平坦になりがちですので，重要な語句を強く言うとともに，その語句の調子を高くすることが大切です。

Exercise 1

STEP 7 Exercise 2 の Question 2-B の解答例を聞き，発音ミスに下線を引いてください。2 回目は正しく読んでいるので，聞き比べましょう。

The man feels that the $75 increase in student fees to help pay for a new sports arena is reasonable. He has two reasons for his opinion. First of all, the man feels that both the women's and men's basketball teams deserve a high-quality new arena to play in because they are very successful. The women's team, in particular, is ranked nationally, and if they want to continue to recruit top-level talent, a new arena is crucial. In addition, the man points out that there hasn't been any increase in fees for ten years, so it's not strange for the university to ask for more money to bring fees more in line with those paid by students at othcr universities. That's wliy he supports the fee increase.

Exercise 2

Question 2-D の問題に答えます。まず 45 秒で，次の方針を読みながら要点をメモしてください。次に方針に関する 2 人の会話を聞き，要点をメモしてください。メモを基に 30 秒準備をした後，60 秒で次の問題に対する解答を録音してください。自分の解答と，Exercise 3 に示されている解答例を比較してください。

Question 2-D

The woman expresses her opinion about the new add/drop policy. State her opinion and explain the reasons she gives for holding that opinion.

（女性は追加・取り消しの新しい方針について意見を述べています。彼女の意見を述べ，また彼女がそのような意見を持つ理由を説明してください）

Change in Add/Drop Policy

Beginning in the fall term, there will be a change in the procedures to add or drop classes. The sharp increase in requests for adds and withdrawals has created a huge administrative burden for the Registrar's Office. To streamline the process, an online form connected to the cloud will now be used. Students simply enter numbers on the form which correspond to the registration number for the class. The instructor's signature will no longer be required for withdrawals, although it will still be necessary for classes being added. Since the file is automatically updated, the most recent enrollment lists are available for each instructor in real time.

Exercise 3

Question 2-D の解答例を聞き，他の語より強く高い調子で発音されている語に下線を引いてください。

The woman agrees with the new policy for adding and dropping classes. She has two reasons for this. To begin with, she realizes that the old system was inefficient and caused a lot of problems for the office staff. The new system will reduce the time needed to process the requests and the number of human errors. Next, she is happy that it will no longer be necessary to obtain the instructor's signature when withdrawing from a class. The first few weeks of the semester are very busy for both students and professors, and it was sometimes difficult to catch the professor to get the signature. In any case, under the new system the class enrollment lists are automatically updated, so the professor can access the most recent list online before each class.

Exercise 4

Exercise 3の解答例中にある次の1文を音読して，その文に関する質問①～④に対して，重要な情報を強調しながら声に出して答えてください。重要な語をややオーバーに強調して，他の語との差をつけてください。解答を録音して模範解答と聞き比べ，繰り返して音読してください。

The first few weeks of the semester are very busy for both students and professors, and it was sometimes difficult to catch the professor to get the signature.

① Is it the second few weeks of the semester that are very busy?

No, ____________________________________.

② Is it the first few months that are very busy?

No, ____________________________________.

③ Was it always difficult to catch the professor?

No, ____________________________________.

④ Was it easy to catch the professor?

No, ____________________________________.

解答例

track 20

The man feels ① that the $75 increase in ② student fees to help pay for a new sports arena is reasonable. He has ③ two reasons for his opinion. ④ First of all, the man feels that ⑤ both the women's and men's basketball teams ⑥ deserve a high-quality new arena to play in because ⑦ they are very successful. The women's team, in particular, is ranked nationally, and if they want to continue to recruit ⑧ top-level talent, a new arena is ⑨ crucial. In addition, the man points out that there hasn't been any increase in fees for ten years, so it's not strange for the university to ask for more money to bring fees more in line with those paid by students at other universities. That's why he supports the fee increase.

①～⑨の発音ミスは次のとおりです。解答例の正しい発音を確認してください。

① thの /ð/ が /z/ と発音されている。
② /t(j)u/ が /tʃu/ と発音されている。
③ /tu:/ が /tsu:/ と発音されている。
④ /v/ が /b/ と発音されている。
⑤ thの /θ/ が /s/ と発音されている。
⑥ /v/ が /b/ と発音されている。
⑦ thの /ð/ が /z/ と発音されている。
⑧ 最初の /l/ が /r/ と発音されている。
⑨ /kru:/ が /kuru:/ と発音されている。

Exercise 2 解答解説

リーディングメモ

M	fall ch add/drop
R	online form
	no instr sig drop
	sig add

会話メモ

M	w: ← smart ch m: agr
R	old sys inef err
	pain track pro get sig
	class list upd avai

ch=change, instr=instructor, sig=signature, w=woman, ←=points in the reading, m=man, agr=agree, sys=system, inef=inefficient, err=error, pro=professor, upd=updated, avai=available

課題文の訳 追加・取り消し方針の変更

秋学期から，授業を追加したり取り消したりするための手順に変更があります。追加や取り消しの希望が急増したため，教務課の管理上の負担が大きく増えました。手続きを効率化するために，これからはクラウドにつながったオンラインのフォームが使われます。学生はクラスの登録番号に該当する数字をフォームにただ入力するだけです。取り消すためには担当教員のサインは以後不要になりますが，授業を追加する場合は今後もサインは必要です。ファイルは自動更新されるため，各教員は最新の受講者リストをリアルタイムで入手できます。

スクリプト track 21

W : Did you hear about the new add/drop policy? It's a smart change.

M : I totally agree. The old system was time-consuming and inefficient.

W : It sure was. And a lot of the data needed to be entered by hand, which meant that there was a big chance of human error.

M : That's what happened to me last semester! The Registrar's Office made a mistake processing my drop request. I was shocked to find out at the end of the term that I was still officially registered for a class I'd dropped in Week 2.

W : See? And one more thing, you know how busy the first few weeks of the semester are, anyway. Sometimes, it was a real pain to have to track down the professor to get a signature on a drop card.

M : Yeah, but at least that way the instructor knew for sure who had dropped the class.

W : That'll still be the case with the cloud-based system. All class enrollment lists will be automatically updated and immediately available for the instructor online.

スクリプトの訳

W：追加・取り消しの新しい方針のことを聞いた？　賢い変更よね。

M：まったく同感だよ。以前のシステムは時間がかかるし，非効率的だった。

W：確かにそうね。それに多くのデータを手で入力する必要があって，人為的なミスが起こる可能性も高かったしね。

M：そんなことが先学期，僕には起きたんだよ！　教務課が，僕の取り消しのリクエストの処理をミスしてさ。２週目に取り消した授業に，公式には登録されたままになっていたことを学期末に知って，ショックだったよ。

W：ねえ？　そしてもう1つ，とにかく，学期の最初の数週間はとても忙しいでしょ。取り消しのカードにサインをもらうために教授をつかまえなくてはならないのは，本当に大変なこともあったよね。

M：うん，でも少なくともそのやり方で，教員は誰が授業を取り消したかを確実に把握できていたよ。

W：クラウドベースのシステムでも，同じようにできるよね。すべてのクラスの受講者リストが自動的に更新され，教員はオンラインですぐに入手できるようになるってことね。

Exercise 3 解答解説

下線部は話し手が特に重要な情報と考えている部分で，強く高い調子で発音されます。声が大きくなるだけではなく，他の語句より高いピッチとなります。

解答例　　track 22

The woman agrees with the new policy for adding and dropping classes. She has two reasons for this. To begin with, she realizes that the old system was inefficient and caused a lot of problems for the office staff. The new system will reduce the time needed to process the requests and the number of human errors. Next, she is happy that it will no longer be necessary to obtain the instructor's signature when withdrawing from a class. The first few weeks of the semester are very busy for both students and professors, and it was sometimes difficult to catch the professor to get the signature. In any case, under the new system the class enrollment lists are automatically updated, so the professor can access the most recent list online before each class.

訳 女性は授業の追加・取り消しの新しい方針に賛成しています。これには2つの理由があります。まず，古いシステムは非効率的で，職員に多くの問題を起こしていたと彼女は認識しています。新しいシステムでは，申請を処理するのに必要な時間と人為的なミスの数を減らします。次に，授業を取り消すときに教師のサインをもらう必要がもうなくなることを，彼女は喜んでいます。学期の初めの数週間は学生にとっても教授にとっても大変忙しく，サインをもらうのに教授をつかまえるのが困難なときもありました。いずれにしても，新しいシステムでは，クラスの登録者リストは自動的に更新され，そのため教授は各授業の前にオンラインで最新のリストにアクセスできるのです。

Exercise 4 解答解説

下線部は質問に対して正しい解答を述べている部分で，他の語より強調します。

track 23

① No, it is the <u>first</u> few weeks.

② No, it is the first few <u>weeks</u>.

③ No, it was <u>sometimes</u> difficult to catch the professor.

④ No, it was <u>difficult</u>.

STEP 13

総仕上げ②：正確な文法と高度な語彙を使う

対応 Question 1 2 3 4

学習目標

多く見られる文法ミスのパターンを把握して，文法面の正確度を上げます。また高度なアカデミックな語彙を正しく使えるようにします。

ポイント

■文法・語彙に関する採点基準を確認

いくつか小さな文法や語彙のミスがあってもよいので，ほぼ正しく効果的に文法・語彙が使えて意味が正確に伝わることが，高得点を取るためには必要です。（TOEFL テスト日本事務局のウェブサイトで採点基準の詳細を確認することができます）

■文法ミスのパターンを認識

多くの日本人に共通する典型的な文法ミスのパターンがあります。ミスの種類を知り，特にそれらに注意し，ケアレスミスを減らすことが重要です。

■アカデミックな語彙を正確に使用

基本的な語彙だけではなく，アカデミックな語彙を使うことが求められています。基本的な語の同意語とその例文を辞書で調べて，用法をチェックすることが重要です。練習問題に対して数回解答を録音する際は，簡単な語をより高度な語に言い換え，適切な語を使用したかどうか，後で解答例や辞書で確かめましょう。

◉初歩的な文法ミス

スピーキングの際に間違えることの多い 9 種類の初歩的な文法ミスです。〇印の例文を音読してください。

初歩的な文法ミスの項目	例文
（1）主語と動詞の一致	× The teacher look happy. 〇 The teacher looks happy. × You looks nice today. 〇 You look nice today.
（2）冠詞	× He is teacher. 〇 He is a teacher.

（3）可算名詞・不可算名詞とmany, much / a lot of の使用	× We need many informations. ○ We need a lot of information.
（4）代名詞の重複	× I like reading those his books. ○ I like reading his books.
（5）語順	× My today presentation will ... ○ My presentation today will ...
（6）名詞の単数形と複数形	× One of the most important point I'd like to make is ... ○ One of the most important points I'd like to make is ...
（7）余剰・脱落	× I'd like to mention about my hometown. ○ I'd like to mention my hometown.
（8）接続語句	× Then I am confused by that. ○ As a result, I am confused by that.
（9）前置詞の後の動詞形	× I am good at cook Italian dishes. ○ I am good at cooking Italian dishes.

Exercise 1

次の文章は Question 1-I の解答例です。初歩的な文法ミスに下線を引いてください。また，そのミスが上記の「初歩的な文法ミス」のどれに当たるかを考えながら修正してください。

Question 1-I

During your university study, do you prefer spending time by yourself or together with friends? Why?
（大学の勉強中，1人で時間を過ごすのと友人と過ごすのとではどちらが好きですか。それはなぜですか）

I would rather to spend time alone during university study. I have two reason. One reason is that I can accomplish many works. For example, I can finish writing papers before the deadline and reading many assigned book before class. If I'm by myself, I can get all of that my work done much faster. Another reason for desire to spend time by myself is it allow me to concentrate one thing. For instance, I can read books and reflect upon what I've read. I would lose this precious private time if I spent time with my friends who want to discuss about many things. Thus, it's better for me to be by myself.

Exercise 2

①～⑩の基本的な語句に対応する，アカデミックで高度な同意語グループをボックス内から選び，（　）の中に記号 a ～ j を書いてください。

① land, personal land (　　　　)
② a group of people (　　　　)
③ next to, nearby (　　　　)
④ clearly (　　　　)
⑤ border (　　　　)
⑥ fight (　　　　)
⑦ a part (　　　　)
⑧ something you own (　　　　)
⑨ to live in (　　　　)
⑩ basically (　　　　)

a. edge, boundary, perimeter
b. belongings, possessions
c. property, territory, defended space, home ground
d. unit, element, piece, component, constituent
e. conflict, confrontation, struggle, clash, battle
f. a tribe, a clan, an ethnic group
g. dwell, occupy, inhabit, reside
h. neighboring, adjacent, adjoining
i. plainly, explicitly, overtly
j. fundamentally, essentially, in essence

Exercise 3

Question 4-D の講義を聞いて要点をメモし，20 秒で解答の準備をして，60 秒で解答を録音してください。数回やってみてください。解答する際，できるだけアカデミックな語彙を使いましょう。解答が終わったら，自分の解答と，解答解説にある解答例の語彙を比較してください。解答例から学んだ語句があれば，下線を引いてみましょう。

Question 4-D

Using points and examples from the talk, describe the decline in the Earth's forests and its impact on plants and animals.

(講義の要点と例を使って，地球上の森林の減少とその動植物への影響について説明してください)

講義メモ

Exercise 1 解答解説

I would rather ① to spend time alone during university study. I have two ② reason. One reason is that I can accomplish ③ many works. For example, I can finish writing papers before the deadline and reading many assigned ④ book before class. If I'm by myself, I can get all of ⑤ that my work done much faster. Another reason for ⑥ desire to spend time by myself is it ⑦ allow me to ⑧ concentrate one thing. For instance, I can read books and reflect upon what I've read. I would lose this precious private time if I spent time with my friends who want to discuss ⑨ about many things. Thus, it's better for me to be by myself.

具体的には以下のとおりです。（　）内はこの STEP の最初に扱った「初歩的な文法ミス」の番号です。正しい解答例を音読してください。

① would rather to spend → would rather spend：（7）余剰

② two reason → two reasons：（6）名詞の単数形と複数形

③ many works → a lot of work：（3）可算名詞・不可算名詞と many, much / a lot ofの使用

④ many assigned book → many assigned books：（6）名詞の単数形と複数形

⑤ all of that my work → all of my work：（4）代名詞の重複

⑥ Another reason for desire to spend time
→ Another reason for desiring to spend time：（9）前置詞の後の動詞形

⑦ it allow → it allows：（1）主語と動詞の一致

⑧ concentrate one thing → concentrate on one thing：（7）脱落

⑨ discuss about many things → discuss many things：（7）余剰

正しい解答例

I would rather spend time alone during university study. I have two reasons. One reason is that I can accomplish a lot of work. For example, I can finish writing papers before the deadline and reading many assigned books before class. If I'm by myself, I can get all of my work done much faster. Another reason for desiring to spend time by myself is it allows me to concentrate on one thing. For instance, I can read books and reflect upon what I've read. I would lose this precious private time if I spent time with my friends who want to discuss many things. Thus, it's better for me to be by myself.

訳 大学の勉強中は，私は1人で時間を過ごすほうがよいです。その理由は 2 つです。1つの理由は，勉強をたくさん終えられることです。例えば，期日前にレポートを書き上げ，授業の前に多くの課題図書を読み終えることができます。1人でいると，自分のやるべきことをすべてずっと速く終えることができます。1人で時間を過ごしたいもう1つの理由は，1つのことに集中できることです。例えば，本を読んで，読んだものについてよく考えることができます。いろいろ話し合いたい友人と時間を過ごすと，この貴重な私的な時間がなくなってしまうでしょう。だから，1人でいるほうが私にとってはよいのです。

Exercise 2 解答解説

①c ②f ③h ④i ⑤a ⑥e ⑦d ⑧b ⑨g ⑩j

アカデミックで高度な同意語グループは，特に Question 3，4 でよく使われます。自分が理解しているか，使い方がわかるかをチェックしておきましょう。

Exercise 3 解答解説

解答例

According to the professor, over the past century, the original forests that covered the Earth have shrunk by about half. Previously, they covered 50 percent of our planet's surface. Those that have survived are acutely degraded, meaning they are in extremely poor condition. The professor argues that this reduction in forest cover is one of the most profound and rapid ecological changes in Earth's history. Only the impact of asteroids has been more significant and swifter. The decrease in habitat results in a predictable decline in flora and fauna. When a living environment plunges in size to one-tenth, half of all the plants and animals perish. Environmental scientists such as botanists and zoologists have observed this time and again all around the world.

訳 教授によると，過去100年の間に，地球を覆っていた原生林は約半分減少してしまいました。以前は，森林が地球の表面の50パーセントを覆っていました。生き残った森林はひどく劣化しており，つまりかなり悪い状態にあります。教授はこの森林被覆の減少は地球の歴史上最も重大で急速な生態系の変化の1つだと主張しています。今までにこれを超える甚大で急激な影響を与えたのは，小惑星による衝撃だけです。生息地が減少すると，植物相と動物相の予測可能な減少が起こります。生息環境の大きさが10分の1に急速に減少すると，すべての植物と動物のうち半数が死に絶えます。植物学者，動物学者などの環境学者たちは，このことを世界の至るところで何度も観察してきました。

解説

講義に使われていた語句をかなり言い換えています。例えば，"profound and swift" を "profound and rapid" に，"the animal and plant life ... to plummet by about one-half" を "half of all the plants and animals perish" にしています。die ではなく，より難しい perish を用いています。

スクリプト

As recently as 1920, the old-growth original forests that have covered the Earth since prehistoric times occupied nearly half of the ice-free surface of the planet—meaning all of the surface of the Earth other than the north and south poles and the mountain tops. Today, that forest cover has declined by about 50 percent, and it continues to shrink rapidly. Just as alarming, many of those surviving forests have already been degraded, and a lot of them severely.

The loss of forest cover during the past century is one of the most profound and swift environmental changes in the history of our planet. It is probably only surpassed by the climate change that has followed the strikes of large asteroids every several hundred million years. Naturally, the impact of forest loss on biodiversity is immediate and severe. When you reduce the area of a plant or animal habitat—such as a rainforest—you lower the number of species that can live sustainably within it. In fact, as the area contracts, the number of species falls by a predictable proportion. For example, the reduction of a habitat to one tenth its original area typically causes the animal and plant life—in other words, the flora and fauna—to plummet by about one-half. This 50 percent decrease in plant and animal life is rapid and irreversible, unless the habitat is restored. Botanists and zoologists have observed this sharp plunge in the number of plants and animal species over and over in countless areas on every continent.

スクリプトの訳

1920年になってもまだ，有史以前の時代から地球を覆ってきた原生林は，氷のない地表，つまり北極と南極と山頂以外の地表のほぼ半分を占めていました。今日その森林被覆は約50パーセント減少してしまっており，かつ急速に縮小し続けています。同様に恐るべきことに，残存している森林の多くがすでに劣化しており，そのうち大半は劣化が深刻な状況にあります。

過去100年の間の森林被覆の消失は，地球の歴史上最も重大で急激な環境の変化の1つです。それを超えるのはおそらく，数億年ごとに大型の小惑星の衝突に続いて起こった気候の変動だけでしょう。当然，森林消失が生物の多様性に与える影響は，すぐに起こり，深刻です。雨林のような動植物の生息地が減少すれば，そこで持続して生存できる種の数は減ります。実際，面積が縮小するにつれ，種の数は予測可能な割合で減少します。例えば，生息地が元の面積の10分の1に縮小すると，概して動物と植物，言い換えれば植物相と動物相は，およそ半分に急速に減少します。この動植物の50パーセントの減少は，生息地が復活されなければ，急速に進行し，元に戻すことができません。植物学者と動物学者は，すべての大陸の無数の地域で，動植物の種の数におけるこの急激な減少を繰り返し観察してきました。

CHAPTER 3

実戦練習

実戦練習 Question 1

Question 1では，身近なトピックについて意見を述べます。問題を聞いた後，15秒で解答を準備し，45秒で話します。各問題に解答する際は，解答時間を目安にして録音をしましょう。

Do you think it is a good idea that universities require all first-year students to take a physical education course? Why or why not?

設問訳 大学が1年生全員を対象に体育科目を必修とするのは，良い考えだと思いますか。その理由は何ですか。

A physical education course should be mandatory for first-year students. I have two reasons. First, PE provides students with lots of physical exercise by introducing them to various sports. For instance, in my freshman PE class, I learned how to play tennis and lacrosse, and I still play them now. Second, PE helps students learn the importance of health. For example, in my PE course, I often talked with my classmates about how to keep fit. I realized our health is the most important thing we have and we should make efforts to keep fit by doing exercise, eating properly, and sleeping well. (For these reasons, all first-year students should be required to take a physical education class.)

訳 体育科目を1年生の必修科目とするべきです。理由は2つあります。第1に，体育は，さまざまなスポーツを体験させることで学生に大いに運動をさせます。例えば，私は1年の体育の授業でテニスとラクロスを習い，今でもそれらを続けています。第2に，体育は，健康の大切さを学生が学ぶ助けになります。例えば，私は体育のクラスでクラスメートとよく健康を維持する方法について話しました。健康は私たちが手にしている最も大切なものであり，運動をし，適切に食事を取り，よく眠ることで健康を維持するよう努力をするべきだと実感しました。(これらの理由により，すべての1年生は体育の授業を取るよう義務づけられるべきです)

解説

▶ 構成・内容

・問題に沿った内容を明確な構成で述べています。最初に「主題」(M)「体育科目を1年生の必修科目とするべき」を述べています。

・2つの「理由」(R) として，体育科目は学生に「運動させる」「健康の大切さを学ばせる」点を挙げ，その「例，詳細」(E) を説明しています。

・「主題」「理由」「例，詳細」を述べた上で時間があれば，「結論」(C)「体育の授業を義務づけるべき」を述べることができます。

▶ 語彙・表現

・理由の順序を示す「接続語句」(T) first, second

・結論・帰結・結果を示す「接続語句」(T) for these reasons

・例や詳細を示す「接続語句」(T) for instance, for example

・「…を学生に必須とするべき」... should be mandatory for students
students should be required to ...

✕ 解答例 **B** 改善が必要な解答

In my opinion, physical education course should be required for university student. Purpose of a university education is not just learn in class. We need to be physical healthy, too. Because competition for good grades are so important, many times we neglect exercise as much as we should. If we are obliged to take regular physical education classes, then we can get sufficient exercise which keeps us healthy. This, in turn, gives us the strength to maintain concentration for our study. (Therefore, I strongly think universities must require everyone to take PE classes as part of their college curriculum.)

解説

▶ 良い点

・設問に明確に答え，適切な構成で述べています。

・適切な語彙を使用しています。

▶ 4点（満点）にするための改善方法

※代表的なもののみ挙げています。すべての誤りを挙げているわけではありません。以降の問題でも同様です。

・文法や語彙の間違いを修正する必要があります。

冠詞：physical education course → a physical education course

Purpose of ... → The purpose of ...

単数形，複数形：for university student → for university students

不定詞：... is not just learn in class

→ ... is not just to learn in class

品詞：We need to be physical healthy

→ We need to be physically healthy

主語と動詞の一致：competition for good grades are so important

→ competition for good grades is so important

実戦問題 2

Some people feel that university students should be required to take a variety of general education courses. Others feel students should focus on their major areas of study. Which approach do you think is better and why?

実戦問題 2 解答解説

設問訳 大学生はさまざまな一般教養科目を取るよう義務づけられるべきだと感じている人がいます。一方，大学生は専攻の研究分野に集中すべきだと感じている人もいます。あなたはどちらの取り組み方がより良いと考えますか。その理由は何ですか。

解答例 A 4点（満点）の良い解答 track 28

Without a doubt, all students should be required to take a wide variety of general education courses. First, in university we must acquire knowledge which helps us function as members of society after we graduate. If we only focus on our majors, our knowledge will be too specialized. In addition, many students don't know what they want to focus on at first. By taking general education courses, they can be exposed to concepts which might ultimately be even more useful for them than their planned major. I was like that. I started as an engineering student, but a class in economics made me realize that business was much more suited to what I wanted to do. (For all of these reasons, general education is essential.)

訳 疑いなく，すべての学生は，さまざまな一般教養科目を取るよう義務づけられるべきです。第1に，大学では私たちは卒業後に社会の一員としてやっていくのに役立つ知識を身につけなくてはなりません。専攻分野にだけ集中してしまうと，私たちの知識は専門的になりすぎてしまいます。さらに，多くの学生は最初は何に集中したいのかがわかりません。一般教養科目を取ることで，最終的に考えていた専攻分野よりずっと自分に役立つ概念に接することもあるかもしれません。私がそうでした。私は工学部の学生として入学しましたが，経済学の授業を受けてみて，ビジネスのほうが私のしたいことにずっと適しているとわかったのです。（これらすべての理由から，一般教養は絶対に必要です）

解説

▶ 構成・内容

- 問題に沿った内容を明確な構成で述べています。「主題」(M)「学生はさまざまな一般教養科目を取るよう義務づけられるべき」を最初に明確に述べています。
- 2つの「理由」(R)「社会の一員としてやっていくのに役立つ知識を学ぶべき」「多くの学生は最初は何に集中したいのかがわからない」と，理由の「例，詳細」(E) を適切に挙げています。
- 「主題」「理由」「例，詳細」を述べた上で時間があれば，「結論」(C)「一般教養は絶対に必要だ」を述べることができます。

▶ 語彙・表現

- 順序や追加を示す「接続語句」(T) first, in addition
- 結論・帰結・結果を示す「接続語句」(T) for all of these reasons

✕ 解答例 B 改善が必要な解答

What do we study in a university? Should it only be our major? I don't think so. Don't we need to develop deep knowledge in some area so that we can eventually get a good job after we graduate? Of course we need that. But university exist to prepare us to be good members of society. Is knowledge of one subject, no matter how deep, enough to help us to live in society? No, it isn't. We need to have broader knowledge about many things. Isn't taking a variety of general education courses an essential part of preparing for life after college? Certainly, it is. (That's why I think general education courses should be required for graduation.)

解説

▶ 良い点

・文法，語法の面は次の間違いを除いてよくできています。
university exist → a university exists

・That's why ... という接続語句で適切に結論を示しています。

▶ 4点（満点）にするための改善方法

・設問に対する「主題」（M）「学生はさまざまな一般教養科目を取るよう義務づけられるべき」を，最初に明確に示す必要があります。

・主題に続いて，「理由」（R），その「例，詳細」（E），「結論」（C）を適切に述べます。

・疑問文を多用していますが，修辞法的な質問をしてそれに自ら答える方法は避け，平叙文でストレートに意見を述べることが大切です。

・順序を示す「接続語句」（T）などを適切に使用する必要があります。

実戦問題 3

準備 15 解答 45 track 29

Some students who live in university apartments prefer to cook their own meals. Others would rather eat in the university cafeteria. Which would you prefer? Explain why.

実戦問題 3 解答解説

設問訳 大学のアパートに住んでいる学生の中には，自炊を好む学生がいます。一方，大学のカフェテリアで食事をするほうがよい学生もいます。あなたはどちらを好みますか。その理由を説明してください。

解答例 A 4点（満点）の良い解答 track 30

In my case, I definitely would go to the college cafeteria. There are two reasons. First, cost. All in all, it's usually cheaper to eat in a university cafeteria. The food service buys lots of food for a lower price. Therefore, I can eat a variety of dishes for less money at the cafeteria. Also, I can eat as much as I want without paying extra. Second, the cafeteria is more convenient. At the cafeteria, meals are already prepared. I can just go there and eat. So I don't have to spend time going to the store to shop or spend time preparing food. (For these reasons, I personally prefer the university cafeteria.)

訳 私の場合は，断然，大学のカフェテリアに行くでしょう。理由は2つあります。第1に，費用です。概して，大学のカフェテリアで食べるほうがたいてい安いものです。カフェテリアの運営会社は食品を大量に低価格で買い付けます。したがって，カフェテリアでのほうが少ないお金でさまざまな料理を食べることができます。また，追加料金を払わずに食べたいだけ食べることができます。第2に，カフェテリアのほうが便利です。カフェテリアでは食事はすでにできています。そこに行って食べるだけでいいのです。そのため，買い物をしに店に行ったり，食べ物を調理したりするのに時間を使わなくて済みます。（これらの理由により，個人的には大学のカフェテリアのほうが好きです）

解説

▶ 構成・内容

- 問題に沿った内容を明確な構成で述べています。「主題」(M)「大学のカフェテリアに行く」を最初にはっきりと述べています。
- 2つの「理由」(R)「費用」「便利さ」と，その「例，詳細」(E) を説明しています。
- 解答時間が残っている場合，「結論」(C) として「大学のカフェテリアのほうが好き」と述べることができます。

▶ 語彙・表現

- 順序や追加を示す「接続語句」(T) first, also, second
- 結論・帰結・結果を示す「接続語句」(T) all in all, therefore, so, for these reasons
- 言い換え：設問の would rather eat を definitely would go と言い換え，the university cafeteria を the college cafeteria と言い換えることができます。
- in my case, definitely, personally を使うことで，表現を豊かにしたり，強調したりすることが可能です。

解答例 B 4点(満点)の良い解答

※この問題では解答例 B も良い回答を示しています。

I would much rather prepare my own meals. To begin with, it costs much less. Eating meals every day in a cafeteria is expensive because the university needs to provide both a wide variety of food choices and a large amount of food. If I shop by myself, I can choose only items I want to eat and buy food that's on sale. So the cost is much lower. The next reason is health. If I prepare my own meals, I eat more fruits and vegetables and less meat and oily food. All in all, my meals are healthier. (These are the two reasons—cost and health—why I greatly prefer preparing my own meals to eating in a college cafeteria.)

訳 私は自炊をするほうがずっとよいです。まず第1に，はるかに安く済みます。カフェテリアで毎日食事するのは高くつきます。というのは，大学は多種多様な食べ物の選択肢と，大量の食べ物の両方を提供する必要があるからです。もし自分で買い物をすれば，自分が食べたいものだけを選び，また特売になっている食品を買うことができます。ですから，費用はずっと低くなります。次の理由は健康です。もし自炊をすれば，果物や野菜をより多く食べ，肉や脂っこいものはあまり食べません。概して，自分で作る食事のほうが健康的です。（これら，費用と健康という2つの理由から，私は大学のカフェテリアで食事をするよりも自炊をするほうがはるかに好きです）

解説

▶ 構成・内容

・問題に沿った内容を明確な構成で述べています。「主題」（M）「自炊をするほうがずっとよい」を最初にはっきりと述べています。

・2 つの「理由」（R）「費用」「健康」と，その「例，詳細」（E）を説明しています。

・「主題」「理由」「例，詳細」を述べた上で時間があれば，「結論」（C）として「費用と健康という 2 つの理由から，自炊をするほうが好き」と述べることができます。

・「費用」は，自炊をする理由にも，大学のカフェテリアで食事をする理由にもなりえます。実際にかかる 2 種類の費用を計算して答えを考える時間はありませんので，素早く立場を決めて，理由と例・詳細を考え出すことが大切です。

▶ 語彙・表現

・理由の順序を示す「接続語句」（T）to begin with, the next reason is ...

・結論・帰結・結果を示す「接続語句」（T）so, all in all

・設問の prefer to ～, would rather ～を greatly prefer ～, would much rather ～と副詞を加えて意見を強調することができます。

解答チェック！

実戦問題１～３の自分の解答を振り返り，次の項目についてチェックしましょう。

- □ 45 秒以内に解答を終えた
- □ 第１文で問いかけに対応する「主題」（M）を明確に示した
- □「主題を裏づける理由」（R）を提示した
- □ それぞれの「理由」に対して少なくとも１つの「例，詳細」（E）を示した
- □ 時間的な余裕があった場合は，明確な「結論」（C）を示した
- □ 適切な「接続語句」（T）を使った
- □ 適切に設問の表現の繰り返しや言い換えをした
- □ よどみなく円滑に話した
- □ 単純な文法ミスをしなかった

Question 1 のポイント

● Question 1 では，身近な話題に関する２つの意見や立場のうち，１つを選択して，その理由や例，詳細を述べることが求められます。15 秒の準備時間を有効に使い，45 秒で話をまとめます。

●質問を聞く際，何を解答するように求められているかをよく理解して，すぐに主題を決めましょう。その理由（＋例，詳細）を２つ程度用意して，それをメモします。

●解答の際，第１の文で主題，つまり２つのうち自分が選んだ意見や立場をはっきり述べます。このとき，質問で使われた語句を使いつつ言い換えもします。第２の文以降に，主題の理由（＋例，詳細）を２つ程度述べます。

●多用される次の表現を自然に使えるようにしておくとよいでしょう。
比較 → better / more effective / more beneficial / more advantageous
意見 → I think / in my opinion / for me
結論・帰結・結果 → consequently / for these reasons / thus / therefore

●日頃から，身近な，特に大学や学生生活関連のトピックについて，２つの相反する選択肢を書き出し，自分にとってのより良い選択肢，その理由と例，詳細を話す練習をしておきましょう。

実戦練習 Question 2

Question 2では，短い課題文を読み，そのトピックに関する会話を聞き，それらに関する問題に答えます。問題を聞いた後，30秒で解答を準備し，60秒で話します。各問題に解答する際は，解答時間を目安にして録音をしましょう。

実戦問題 1

Notice: Closure of Dormitories during Winter Vacation

As has been previously announced, because of budgetary constraints the university needs to cut costs wherever possible. To help in doing so, all university dormitories will be closed from December 23 (the day after final exams end) until January 7 (the day before the second term begins). Historically, very few students remain on campus over the vacation, and closing the dormitories temporarily will lead to significant savings on heating and electricity costs. Students who need to find alternative housing during this period should contact the Housing Office for assistance.

The man expresses his opinion about the closure of the dormitories during the winter holidays. State his opinion and explain the reasons he gives for holding that opinion.

実戦問題 1 解答解説

課題文の訳　お知らせ：冬期休暇中の寮の閉鎖

以前通知したように，予算上の制約のため，大学は可能な限りコストを削減する必要があります。これに伴い，12月23日（期末試験終了の翌日）から1月7日（2学期開始前日）まで全大学寮は閉鎖されます。これまで休暇中にキャンパスに残る学生はほとんどおらず，寮を一時的に閉鎖することで，暖房費と電気代を大幅に節約できます。この期間中に別の住まいを見つける必要のある学生は，住居課に連絡して支援を得てください。

スクリプト　track 31

The university will close its dormitories during the holiday season. Read the announcement about the dorm closure. You will have 45 seconds to read the announcement. Begin reading now.

Now listen to two students discussing the announcement.

M : Did you see the notice from the university about closing the dormitories during winter vacation?

W : I did, but it doesn't matter to me, since I'll be back home then.

M : Usually, I'd be home, too. But this year I need to stay on campus and finish writing the first draft of my graduation thesis.

W : Why can't you write at home?

M : Are you serious? With my entire family home for the holidays, there's no way I could get any work done there.

W : Good point. There's almost no one in the dorms over the vacation.

M : Right. It'd be quiet, so I definitely could make some progress on my thesis. It's really unfortunate that they decided to close the dorms during the break.

W : Yeah, but it *is* true that the university budget is tight this year, right?

M : True, but there must be other ways of balancing the budget. They won't save much on heating or electricity. What if they raised the price of tickets for sporting events? That'd easily bring in more than enough revenue to cover any possible cost savings from closing the dorms temporarily.

スクリプトの訳

大学は，休みの期間中，寮を閉鎖する予定です。寮の閉鎖についての通知を読んでください。通知を読む時間は45秒です。それでは，読み始めてください。

それでは，通知について話している2人の学生の会話を聞いてください。

M：冬休み中の寮閉鎖に関する大学からの通知を見た？
W：見たけど，私はその時期は家に帰るから関係ないわね。
M：いつもなら僕も家にいるんだ。でも，今年はキャンパスに残って卒論の初稿を書き上げないといけないんだ。
W：どうして家では書けないの？
M：本気で言ってる？　家族全員が休暇で家にいるから，そこで書くなんてまったくできるわけがないよ。
W：そのとおりね。休暇中は寮にはほとんど誰もいないよね。
M：そうさ。静かだから，卒論を確実に進めることができるのに。休みの間，寮を閉鎖することにしたのは本当に残念だよ。
W：ええ，でも今年は大学の予算が厳しいのは事実なんでしょ？
M：確かにそうだけど，収支を合わせる方法が他にあるはずだよ。暖房費や電気代ではあまり節約にならないだろうしね。スポーツイベントのチケットを値上げしたらどうだろう？　そうすれば，寮を一時的に閉鎖することで節約できるかもしれない経費を十二分にカバーできる収益を，簡単にあげるだろうに。

設問訳 男性は冬期休暇中に寮が閉鎖されることについて意見を述べています。彼の意見を述べ，その意見について彼が挙げている理由を説明してください。

 解答例 A 4点（満点）の良い解答 

The man is not happy that the university plans to close the dormitories during the winter break. To begin with, even though he usually goes home, this year he planned to stay in the dorm to concentrate on writing his graduation thesis. It'd be much quieter in the dorms with most students home for the holidays. Next, he understands that the university is in a difficult financial situation and wants to save money, but he thinks that closing the dorms is not the best way to balance the budget. In particular, he says the university won't save much on heating and electricity. Instead, he thinks that raising the price of tickets to sporting events would bring in more money than the university could save by closing the dormitories. So the man disagrees with the university's plan.

訳 男性は，大学が冬休み中に寮の閉鎖を計画していることを快く思っていません。まず，彼は普段は家に帰るのですが，今年は卒業論文の執筆に専念するために寮に残る予定でした。ほとんどの学生が休暇のために帰省していて寮ははるかに静かでしょう。次に，大学が困難な財政状況にあり，節約したいことを彼は理解していますが，寮を閉鎖することは収支を合わせる最善の方法ではないと考えています。特に，大学は暖房費と電気代ではあまり節約にならないだろうと彼は述べています。それよりも，スポーツイベントのチケットを値上げすれば，寮を閉鎖することで大学が節約できるよりも，多くのお金を得られると彼は考えています。 そのため，男性は大学の計画に反対です。

解説

▶ 構成・内容

・問題に沿った内容を明確な構成で述べています。最初に「主題」（M）「男性は冬休みに寮を閉鎖する計画を快く思っていない」を述べています。

・「理由」（R）は「冬休みに寮は静かになり，留まって卒業論文を書く予定だった」こと，「寮の閉鎖は大学の収支を合わせる最善の方法ではない」ことを挙げ，その「例，詳細」（E）を説明しています。

▶ 語彙・表現

・理由の順序を示す「接続語句」（T）to begin with, next

・例や詳細を示す「接続語句」（T）in particular

・別の考えを示す「接続語句」（T）instead

✕ 解答例 B 改善が必要な解答

The man disagree the university's plan to close dorm during winter holiday. This is especially true this year. He usually goes home during vacation, but this year he wants to stay in dorm to write his graduation thesis in quiet. Another reason he dislike the university plan is because there are better ways to keep the budget, not just close the dormitory. For these reasons, the man is against a plan to close a dorm during winter holiday.

解説

▶ 良い点

・問題に沿って，男性の意見とその理由を述べています。

・「主題」（M）と「理由」（R）が適切な構成で述べられています。

・for these reasons などの「接続語句」（T）が使われています。

▶ 4点（満点）にするための改善方法

・理由は適切に述べられていますが，もっと詳細を説明する必要があります。

・文法や語法の間違いを修正する必要があります。

主語に一致した動詞の形，前置詞：

The man disagree the university's plan

→ The man disagree<u>s</u> <u>with</u> the university's plan

he dislike → he dislike<u>s</u>

単数形・複数形：winter holiday → winter holiday<u>s</u>

冠詞：dorm → <u>the</u> dorm

a plan → <u>the</u> plan

冠詞，脱落：in quiet → in <u>the</u> quiet <u>environment</u>

余剰：Another reason ... is because there are ...

→ Another reason ... is <u>(that)</u> there are ...

Proposed Increase in Parking Fees

The university board of directors has approved a plan to construct three new parking facilities to alleviate the current shortage of parking spaces. Some of the needed funds will come from state government bonds and some will come from alumni donations. However, the actual users of the parking lots also must contribute. Therefore, everyone who parks on campus will be asked to pay an additional $75 per semester for their parking permits, making the total fee for one semester $225. A shuttle bus service will be initiated because of the distance between the new parking facilities and some of the classroom buildings.

The man expresses his opinion about the proposed parking fee increase. Summarize his opinion and explain the reasons he gives for holding that opinion.

課題文の訳 駐車料金の値上げの提案

現在の駐車場不足を改善するために，大学理事会は3カ所の新しい駐車場を造成する計画を承認しました。必要な資金の一部は州の公債から，また卒業生の寄付からも拠出されます。しかしながら，実際の駐車場利用者も負担しなければなりません。そのため，大学構内に駐車するすべての方に，駐車許可証の交付に対して，各学期75ドルの追加料金をお支払いただくようお願いすることになります。それにより1学期の合計料金は225ドルになります。新しい駐車場と一部の教室棟との距離は遠いため，シャトルバスの運行を始めます。

スクリプト track 33

The university is planning to increase parking fees. Read the announcement about the increase from the university administration. You will have 45 seconds to read the announcement. Begin reading now.

Now listen to two students discussing the announcement.

W : Did you read about the university board's plan to increase our parking fees? It's going to cost us $225 each term just to park.

M : Yeah, that's not cheap. But I can totally understand the need for it. It's almost impossible to find a parking space any time after 9:00 A.M.

W : No kidding! That's why I always make sure to schedule a first period class. At least I can find some place to park.

M : I'm afraid I don't have that luxury. I have to work mornings to support myself. All of my classes are in the afternoon. So I'm happy to see that the school is doing something to provide more parking.

W : But an additional $75? That's a 50 percent increase, Jerry.

M : I know, but they're building three new parking lots, and students aren't the only ones who have to shoulder the burden. The state is issuing some bonds and alumni are making donations, too.

W : OK, I see your point. I don't like the added expense, but I guess more parking space will be good for all of us.

スクリプトの訳

大学は駐車料金を値上げする予定です。大学事務局からの値上げについての通知を読んでください。通知を読む時間は45秒です。それでは，読み始めてください。

それでは，通知について話している2人の学生の会話を聞いてください。

W：大学理事会の駐車料金値上げ計画について読んだ？　駐車するだけで学期ごとに225ドルもかかることになるのよ。

M：うん，安くないよね。でもその必要性はよく理解できるよ。午前9時以降はいつだって，駐車場を見つけるのがほとんど不可能だよね。

W：本当よ！　だから1限をいつも取るようにしているのよ。少なくともどこか駐車するところは見つけられるわ。

M：残念ながら僕にはそんな余裕はないよ。自活するために午前中は働かなければならないんだ。授業は全部午後だよ。だから，もっと駐車できる場所を提供しようと大学側が何とかしようとしているのがわかってよかったよ。

W：でも75ドルの追加だって？　ジェリー，それは5割の値上げよ。

M：わかっているよ。でも新しい駐車場を3つ造るし，学生だけが負担しなければならないわけじゃないんだ。州も公債を発行するし，卒業生も寄付をする。

W：ええ，それもそうね。出費が増えるのはいやだけど，駐車場が増えるのは私たちみんなにとって良いことね。

設問訳 男性は提案された駐車料金の値上げについて意見を述べています。彼の意見を要約して，その意見について彼が挙げている理由を説明してください。

解答例 A　4点（満点）の良い解答　track 34

The man believes that the fee increase is justified. To begin with, he points out that there is currently a serious lack of parking spaces at the university. Because he works in the morning, by the time he gets to the university, all the parking spaces have been taken. Therefore, he's happy that three new facilities will be built. Next, he thinks that the fee increase is fair, since students only have to shoulder part of the burden. For example, he points out that some of the money needed to pay for the new parking lots will come from the issuance of state bonds. Not only that, but some of it will come from alumni contributions. That's why the man supports the fee increase to build additional parking lots on the university campus.

訳 男性は料金の値上げは正当であると考えています。まず，現在大学では深刻な駐車場不足が生じていることを，彼は指摘しています。彼は午前中は働いているため，彼が大学に着くころまでには駐車場はすべてふさがってしまっています。ゆえに，3つの新しい施設が造られることを彼はうれしく思っています。次に，学生の負担は一部のみになるため，料金の値上げは公正であると彼は思っています。例えば，新しい駐車場のために支払うのに必要な費用の一部は，州公債の発行から拠出されると彼は指摘しています。それだけではなく，一部は卒業生の寄付金からも出されるのです。そのため，男性は大学構内に追加の駐車場を造成するための料金の値上げを支持しています。

解説

▶ 構成・内容

・問題に沿った内容を明確に組み立てて答えています。最初に「主題」（M）「男性は料金の値上げは正当と考えている」を述べています。

・「理由」（R）として「駐車場の不足」「学生の負担は一部のみ」を挙げ，その「例，詳細」（E）を説明しています。

・最後に「結論」（C）を明確に述べています。

▶ 語彙・表現

・理由の順序を示す「接続語句」（T）to begin with, next

・結論・帰結・結果を示す「接続語句」（T）therefore, that's why

・理由や詳細の追加を示す「接続語句」（T）not only that, but

✕ 解答例 **B** **改善が必要な解答**

The man agrees with the university's decision to raise parking fees. The woman always schedule first period class so that she can find a parking space, but the man must work in the morning to pay for his education, so all parking lots full by the time the man gets to school. In today's difficult economy, many students must either work part-time or take out a student loan. In addition, not only students must pay. Government support will cover some cost. And university budget is tight this year, so the man understands why students pay some of parking lot construction cost. For these reasons, the man supports decision for making new parking lots.

解説

▶ 良い点

・最初の「主題」（M），最後の「結論」（C）で，「男性は駐車料金の値上げに同意している」と述べ，問題に沿って答えています。

・「接続語句」（T）in addition, for these reasons を適切に使用しています。

▶ 4点（満点）にするための改善方法

・男性が駐車料金の値上げを支持する「理由」（R）を明確にします。
1つ目の理由「駐車場の不足」を明確に説明していない上に，「厳しい経済状況において，多くの学生がアルバイトをするかローンを組まなければならない」という，会話に出てこない内容を述べています。2つ目の理由「学生の負担は一部のみ」には触れているものの，「大学の予算が厳しい」と，再び会話にない内容を挙げています。

・文法や語法の間違いを修正する必要があります。

主語に一致した動詞の形，冠詞：The woman always schedule first period class
→ The woman always schedule<u>s</u> <u>a</u> first period class

脱落：all parking lots full → all parking lots <u>are</u> full

冠詞：And university budget is tight → And <u>the</u> university budget is tight
students pay some of parking lot construction cost
→ students <u>must</u> pay some of <u>the</u> parking lot construction cost<u>s</u>
the man supports decision → the man supports <u>the</u> decision

New Foreign Language Requirement

To prepare graduates for the challenges of a culturally diverse, globalized world, the College of Arts and Sciences has established a new foreign language requirement for graduation. All students, regardless of their major, will be required to either successfully complete a one-year course in a foreign language or receive a passing grade on a comprehensive language test offered by the Faculty of Languages. Language courses offered at the university include French, German, Spanish, Italian, Chinese, and Japanese. For those who have already achieved basic proficiency in a foreign language, comprehensive tests can be taken in more than twenty-five European and Asian languages.

The woman expresses her opinion about the new foreign language requirement. State her opinion and explain the reasons she gives for holding that opinion.

課題文の訳 **新たな外国語要件**

教養学部は，卒業生が文化的に多様でグローバル化された世界の課題に取り組む準備ができるように，卒業のための新たな外国語要件を設定しました。専攻に関係なく，すべての学生は，外国語の1年間の科目を修了するか，言語学部による総合言語テストで合格点を取ることが必要となります。大学で開講される言語科目は，フランス語，ドイツ語，スペイン語，イタリア語，中国語と日本語を含みます。ある外国語の基本的能力をすでに習得した人は，25を超えるヨーロッパとアジアの言語で総合テストを受けることができます。

スクリプト track 35

The university is planning to add a requirement for graduation. Read the announcement about the new foreign language requirement. You will have 45 seconds to read the announcement. Begin reading now.

Now listen to two students discussing the announcement.

M : Did you hear that all students are now going to have to take a foreign language?

W : I can't believe it! Students here already have so many requirements it's hard for us to graduate in four years.

M : I guess that's true.

W : We already have to take physical education, two writing courses, and one science course.

M : Not to mention all of the courses required for our majors.

W : I bet many students will have to study an extra term because of this.

M : Probably.

W : Anyway, I understand why cultural diversity is important, but with all the new translation apps being developed, we can use our smartphones to communicate with people who speak different languages.

M : That's not the same thing as being able to have a real conversation.

W : Have you actually seen any of the newest apps? They're not perfect yet, but they're pretty darned good. And they're only going to get more accurate over time.

M: You make a good argument. But I've always wanted to study Chinese, so I've got no problem with this new policy.

W: Yeah, but you could do that regardless of whether it was a graduation requirement or not!

スクリプトの訳

大学は卒業要件を1つ追加する予定です。新しい外国語要件についての通知を読んでください。通知を読む時間は45秒です。それでは，読み始めてください。

それでは，通知について話している2人の学生の会話を聞いてください。

M：これから学生全員が外国語を取らなければならなくなるという話を聞いた？
W：信じられない！　ここの学生にはとても多くの必要条件がすでにあるから，4年で卒業するのは難しい状況よ。
M：そうだろうね。
W：すでに体育，2つのライティング科目，1つの科学科目を取らなければならないよね。
M：それにもちろん専攻の必修科目全部。
W：きっと多くの学生が，このことのせいでさらにもう1学期勉強しなければならなくなると思うわ。
M：たぶんね。
W：ともかく，文化的多様性が重要な理由はわかるけど，いろいろな新しい翻訳アプリが開発されていて，スマホを使って別の言語を話す人とコミュニケーションをとれるよね。
M：それは本当に会話ができるというのとは同じじゃないさ。
W：実際に最新のアプリのどれかを見たことがある？　まだ完璧ではないけど，かなりいいんだ。それに，そのうちもっと正確になるよ。
M：いい点を突いてるね。でも僕はずっと中国語を勉強したかったから，この新しい方針には何の問題もないんだ。
W：ええ，でもそれが卒業要件であるかないかにかかわらず，あなたはその勉強をできるよね！

設問訳　女性は新しい外国語要件について意見を述べています。彼女の意見を述べ，その意見について彼女が挙げている理由を説明してください。

 解答例 A 4点(満点)の良い解答 

The woman believes that the new foreign language requirement is a bad idea. She has two main reasons for holding that opinion. The first reason is that there are so many requirements already. She mentions that students have to take PE, two writing courses, a science course, and a lot of courses for their majors. Adding a foreign language requirement is too much. She says that another requirement will make it even harder for students to graduate in four years. The second reason is that she thinks that even in today's culturally diverse world, there is no need to study a foreign language. There are many translation apps that allow people to communicate using their smartphones. Even if the apps are not perfect now, they will continue to be developed in the future. That's why the woman is against this new graduation requirement.

訳 女性は，新しい外国語要件は良くない考えだと思っています。彼女がその意見を持つのには，2つの主要な理由があります。第1の理由は，とても多くの必修科目がすでにあるということです。学生は体育，2つのライティング科目，1つの科学科目，多くの専攻科目を取らなければならないと，彼女は述べています。外国語要件を加えることは度を越しています。もう1つ必修科目を加えることで，学生は4年で卒業することがさらに大変になると，彼女は述べています。第2の理由は，今日の文化的に多様な世界であっても，外国語を勉強する必要はないと彼女は考えているということです。スマートフォンを使ってコミュニケーションをとれる翻訳アプリがたくさんあります。たとえアプリは現在完璧ではないとしても，将来進化し続けるでしょう。そのため，女性はこの新しい卒業要件に反対です。

解説

▶ 構成・内容

・問題に沿った内容を明確な構成で答えています。最初に「主題」(M)「女性は，新しい外国語要件は良くない考えだと思っている」を述べています。

・「理由」(R) として「多くの必修科目がすでにある」「多くの翻訳アプリがあり，外国語を学ぶ必要はない」を挙げ，その「例，詳細」(E) を述べています。

▶ 語彙・表現

・「接続語句」(T) として，the first reason, the second reason を使い，理由を順序よく明確に述べています。

✕ 解答例 B 改善が必要な解答

The woman disagrees with the new foreign language requirement. She state her opinion and explain her reasons. First reason is students are already too busy with other classes. There are many requiring classes like science and writing. Physical education, too. It's too much work for students to have another requiring class. Then smartphone app can translate using English. So the woman thinks no reason to have new foreign language requirement.

解説

▶ 良い点

・主題，理由，例，詳細を適切な構成で答えています。
「主題」(M)「女性は，新しい外国語要件に反対」，「理由」(R)「学生は他のクラスで多忙」「スマートフォンのアプリによる翻訳」を述べています。

▶ 4点（満点）にするための改善方法

・特に２番目の理由の説明が不十分です。「スマートフォンのアプリによる翻訳が可能なので，外国語を学ぶ必要はない」ということをもっと丁寧に説明する必要があります。

・「接続語句」(T) First reason is を The first reason is に直します。Then はこのように論拠を挙げていくときの接続語句としては不適切なので，In addition などに直します。

・文法の間違いの修正が必要です。
主語に一致した動詞の形：She state her opinion and explain
→ She states her opinion and explains
冠詞：have new foreign language requirement
→ have a new foreign language requirement
分詞：many requiring classes → many required classes
another requiring class → another required class
単数形・複数形：smartphone app → smartphone apps
脱落：the woman thinks no reason → the woman thinks there is no reason

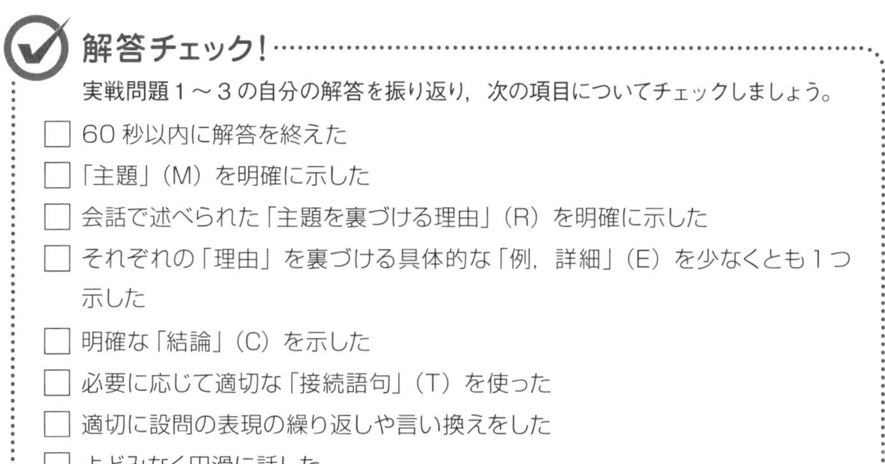

解答チェック！

実戦問題１～３の自分の解答を振り返り，次の項目についてチェックしましょう。

- □ 60 秒以内に解答を終えた
- □ 「主題」（M）を明確に示した
- □ 会話で述べられた「主題を裏づける理由」（R）を明確に示した
- □ それぞれの「理由」を裏づける具体的な「例，詳細」（E）を少なくとも１つ示した
- □ 明確な「結論」（C）を示した
- □ 必要に応じて適切な「接続語句」（T）を使った
- □ 適切に設問の表現の繰り返しや言い換えをした
- □ よどみなく円滑に話した
- □ 単純な文法ミスをしなかった

Question 2 のポイント

- Question 2 では，大学や学生生活に関する課題文を読み，関連した男女の会話を聞いた後，指定されたどちらかの人の意見を述べ，その意見の理由や詳細を説明することが求められます。30 秒で準備し，60 秒で話をまとめます。
- 課題文は，ある方針について書かれていることが多く，読む際には，その主題および例，詳細を，紙の左半分に簡潔にメモするとよいでしょう。
- 会話を聞く際，左側の課題文のメモと関連づけながら，男性と女性がその方針に賛成または反対である点とその理由を右側にメモします。
- 質問を聞く際は何を解答するように求められているかをしっかり把握して，指定された男性または女性の意見とその理由を述べる準備をします。
- 解答の際，第１の文で主題，つまり指定された男性または女性が何についてどう考えているかを明確に述べます。このとき，質問で使われた語句を使うとより適切に述べることができます。第２の文以降に，その意見の理由を述べます。
- 賛成か反対かの立場を示す次のような表現を使えるようにしておくとよいでしょう。
  agree with / support / believe / strongly feel / disagree with / be against
- 日頃から，新聞の社説や大学のホームページなどで方針について読み，会話を想像し，どちらかの人の意見やその理由を説明する練習をしておきましょう。

実戦練習 Question 3

Question 3では，アカデミックな内容について短い課題文を読み，話を聞き，それらに関する問題に答えます。問題を聞いた後，30秒で解答を準備し，60秒で話します。各問題に解答する際は，解答時間を目安に録音をしましょう。

実戦問題 1

Extinction of North American Land Animals

Around 20,000 years ago, North America looked much like Africa's Serengeti Plains do today with vast herds of large animals roaming freely. Strangely, unlike in Africa, most of these animals became extinct around 11,000 years ago. Some researchers have claimed that the reason was human hunting activity. However, the most likely reason was climate change. At the end of the last Ice Age, severe changes in temperature and precipitation negatively impacted the vegetation of large areas, causing many plant-eating animals to starve to death. Deprived of their food source, many predators that had previously preyed on these plant-eaters eventually died off as well.

Using the examples the professor gives in the lecture, explain why many large land animals disappeared in North America 11,000 years ago.

 解答解説

課題文の訳　北アメリカの陸生動物の絶滅

約2万年前，北アメリカは，大型動物の大きな群れが自由に移動する今日のアフリカのセレンゲティ平原のようでした。不思議なことに，アフリカと異なり，これらの動物の大半は，約11,000年前に絶滅しました。その原因は人間の狩猟活動であると主張する研究者もいます。しかしながら，最も可能性が高い原因は，気候変動です。最後の氷河期の終わりに，気温と降水量の激しい変化は，広範囲の植生に悪影響を及ぼし，その結果，多くの草食動物が餓死しました。もともとそれらの草食動物を獲物としていた多くの捕食動物もまた，食料源を奪われ，最終的に絶滅したのです。

スクリプト　track 37

Now read the passage about prehistoric animals in North America. You will have 45 seconds to read the passage. Begin reading now.

Now listen to part of a lecture in a natural history class.

Somewhere around 11,000 years ago, the North American continent suffered a mass extinction of its megafauna, or "large animals" in layman's terms. Although some scientists claim that this was primarily the result of human hunting, something they call the "overkill hypothesis," it's much more likely that climate change was the main reason these animals disappeared.

First of all, of the many animal species that became extinct, only two of them—the mastodon and the woolly mammoth—can be conclusively linked to human hunting, evidenced by the fact that some of their bones had been cut by rudimentary stone tools. But even for these two species, evidence of animals being butchered is the exception, rather than the rule. In fact, in some parts of North America, for example, the Northeast region of North America, no megafaunal sites at all were found with bones that had been cut or modified by human activity.

Moreover, radiocarbon dating of animal bones reveals that somewhere between 75 and 90 percent of megafauna were probably already gone even before humans arrived in the area. That's almost certainly related to the 1,300-year-long period of extreme cold called the Younger Dryas that started around 12,700 years ago. It's not a coincidence that this major change in climate happened just about the time the megafauna started disappearing in large numbers.

スクリプトの訳

北アメリカにおける有史以前の動物に関する文章を読んでください。文章を読む時間は45秒です。それでは，読み始めてください。

それでは，自然史学の授業における講義の一部を聞いてください。

約11,000年前，北アメリカ大陸は，大型動物相，やさしく言えば「大きな動物」の多数の絶滅に見舞われました。一部の科学者は，これは主に人間の狩猟の結果であると主張していて，彼らはこれを「過剰殺戮仮説」と呼んでいますが，気候変動がこれらの動物が姿を消した主な理由である可能性のほうがはるかに高いのです。

まず第1に，絶滅した多くの動物種のうち，人間の狩猟が決定的に関連していると言えるのはマストドンとケナガマンモスの2種だけであり，それらの骨の一部が原始的な石器で切断されたという事実によって証明されています。しかし，これら2種の動物でさえ，動物が屠殺されているという証拠は例外的であり，通例ではありません。実際，北アメリカの一部の地域，例えば北アメリカの北東地域では，人間の活動によって切断または変形された骨を含む大型動物相の跡はまったく見つかりませんでした。

さらに，動物の骨の放射性炭素年代測定により，おそらく大型動物相の75～90パーセントは，人間がその地域に到着する前にすでに姿を消していたことが明らかになりました。これはほぼ確実に，約12,700年前に始まったヤンガードリアスと呼ばれる1,300年にわたる極寒の期間に関連しています。大型動物相が大量に姿を消し始めたちょうどその頃に，この大きな気候変動が起こったのは偶然の一致ではありません。

設問訳 教授が講義で述べている例を使って，なぜ多くの大型の陸生動物が，北アメリカで11,000年前に絶滅したかを説明してください。

解答例 A 4点（満点）の良い解答 track 38

The reading claims that large land animals in North America died because of climate change at the end of the last Ice Age, not because early humans hunted them. The professor agrees that climate change was the most likely reason the megafauna became extinct, not human hunting. He gives two reasons. First, very few animal bones showed signs of being cut by stone tools. Bones from only two species were like that. In fact, in the Northeast, no bones at all were found showing cuts made by humans. Second, radiocarbon dating of bones showed that close to 90 percent of the megafauna had already died before humans even arrived in the region. The cold period that lasted for 1,300 years began at about the same time the animals started dying.

訳 課題文は，北アメリカの大型陸生動物が死んだのは，初期の人類が狩ったためではなく，最後の氷河期の終わりの気候変動のためだと主張しています。教授は，人間の狩猟ではなく，気候変動が大型動物相絶滅の最も可能性の高い理由であったことに同意しています。彼は2つの理由を挙げています。第1に，石器で切られた痕跡のある動物の骨はほとんどありませんでした。たった2つの種の骨がそのようなものでした。実際，北東部では，人間による切断を示す骨はまったく見つかりませんでした。第2に，骨の放射性炭素年代測定により，人間がその地域に到着すらしていないうちに，大型動物相の90パーセント近くがすでに死んでいたことが示されました。1,300年間続いた寒冷期は，動物が消え始めるのとほぼ同時に始まりました。

解説

▶ 構成・内容

・問題に沿った適切な解答をしています。まず課題文の筆者の見解として，「北アメリカの大型陸生動物が死んだのは，気候変動のためである」ことを述べ，次に教授が課題文に同意していることを明確に説明しています。

・教授の見解の「理由」（R）として，「石器で切られた痕跡のある動物の骨がほとんどなかった」こと，「人間がその地域に到着する前に大型動物相の多くはすでに死んでいた」ことを述べています。

▶ 語彙・表現

・「接続語句」（T）の first, second を使い，2つの理由を説明しています。具体例を示す in fact も適切です。

× 解答例 B 改善が必要な解答

According to the reading, why the large land animals disappeared in North America was because of the last Ice Age. The change with climate then had negative impact on the food source for animals that eat plants. Larger animals finally had no food, since smaller animals died first. So Ice Age caused extinct of animals, not human hunting. The professor agrees this idea. There are not much bones with cuts made by stone tools. Only two types of animal bones had these cuts. Also, bones showed 75 to 90 percent of animals already gone when humans first come. They almost died because of a long cold period, more than 1,300 years. So, climate was a main reason, not humans.

解説

▶ 良い点

・大型陸生動物の絶滅は人間の狩猟ではなく気候変動によるものだったことと，その２つの理由に，あいまいな形ではあるものの触れています。

▶ ４点（満点）にするための改善方法

・大型陸生動物が絶滅した「理由」（R）を「最後の氷河期」としていますが，「最後の氷河期の終わりの気候変動」と正確に説明する必要があります。

・全体の構成を示す「接続語句」（T）が使われていないため，文のつながりが不明確です。first, second などを使うと聞き手の理解を得やすくなります。

・次のような文法的な間違いを直します。

時制：humans first come → humans first came

品詞，冠詞：extinct of animals → the extinction of animals

語彙：much bones → many bones

冠詞：had negative impact → had a negative impact

Ice Age → the Ice Age

climate was a main reason → climate was the main reason

脱落：The professor agrees this idea.

→ The professor agrees with this idea.

animals already gone → animals were already gone

余剰，脱落：

why the large land animals disappeared in North America was because of the last Ice Age

→ large land animals disappeared in North America because of the climate change at the end of the last Ice Age

または

→ the reason why large land animals disappeared in North America was the climate change at the end of the last Ice Age

The Brooklyn Bridge

The construction of the Brooklyn Bridge in New York City was a major feat of engineering for its time. Its most remarkable characteristic is a span that was by far longer than any other bridge that existed when it opened in 1883. At almost 500 meters, there were no bridges even close to that length at that time. Furthermore, its two towers were high enough to allow the commercial sailing ships of the period to pass underneath the bridge. Its height of about 135 feet, or 41 meters, above the river at its midpoint eventually became the standard for bridge construction for years afterwards.

The professor describes the construction of the Brooklyn Bridge. Explain how the detailed information he provides in the lecture supports the points made in the reading.

課題文の訳 ブルックリン橋

ニューヨーク市のブルックリン橋の建設は，その当時の工学の大きな偉業でした。その最も顕著な特徴は，1883年に開通した当時，全長が既存のいかなる橋よりもはるかに長かったという点です。およそ500メートルにわたり，当時その長さに近い橋さえありませんでした。さらに，その2つの支柱塔は十分な高さがあったので，当時の商用の帆船が橋の下をくぐり抜けられるほどだったのです。橋の高さは中央部で川面から約135フィート，すなわち41メートルあり，その高さはその後長きにわたって橋を建設する基準となりました。

スクリプト

track 39

Now read the passage about the construction of a famous bridge. You will have 45 seconds to read the passage. Begin reading now.

Now listen to part of a lecture in a civil engineering class.

When it was completed in 1883, the Brooklyn Bridge was unique for a number of reasons—among them, length and height.

First, the Brooklyn Bridge was difficult to build because of the low elevation of the shores providing the bridge's anchorage. Usually bridge engineers try to take advantage of surrounding cliffs or hills to achieve the necessary height clearance, but this wasn't possible between Manhattan and Brooklyn because of the surrounding flat terrain. As a result, the bridge had to extend much farther inland—a full 50 percent more than usual—in order to allow for a reasonably gentle slope. That's the main reason why it was the longest bridge of its day.

Second, the fact that the East River was the busiest shipping lane in the United States at that time meant the bridge had to be high enough so that even the largest ships could pass underneath. This was especially true because many of the commercial sailing ships had very high masts. So to make sure that they could easily pass underneath the bridge, there needed to be a substantial gap between the water and the bottom of the bridge. Because of the success of the Brooklyn Bridge, other bridges tended to adopt its 41-meter height as a minimum standard. Many bridges now are built with even a greater distance above the water to allow large ships to pass freely.

スクリプトの訳

有名な橋の建設に関する文章を読んでください。文章を読む時間は45秒です。それでは，読み始めてください。

それでは，土木工学の授業における講義の一部を聞いてください。

ブルックリン橋は，1883年に完成したとき，いくつかの理由で匹敵するものがありませんでした。理由の中には，長さと高さがありました。

第1に，橋の固定基礎となるはずの河岸に高さが足りなかったため，ブルックリン橋の建設が難しかったことが挙げられます。通常，橋の技術者は橋桁空間に必要な高さを得るために周辺の崖や丘陵を利用しようとしますが，辺りの平坦な地形のため，マンハッタンとブルックリンの間ではそれができませんでした。その結果，程よくなだらかな傾斜を見込めるように，橋は普通よりもずっと長く，50パーセントも長く内陸に延ばさなければならなかったのです。そのことが当時の最長の橋であった主な理由です。

第2に，イーストリバーが当時のアメリカで最も交通量の多い航路だったという事実は，最も大型の船でも下を通過できるように橋は十分高くなければならなかったことを意味しました。多くの商用の帆船は非常に高いマストを有していたため，この点はことにそのとおりでした。それゆえ船が橋の下を容易に通過できることを確実にするために，水面と橋の最下部の間に十分な隔たりが必要でした。ブルックリン橋が成功したため，他の橋はブルックリン橋の41メートルの高さを最低限の基準にする傾向にありました。今や多くの橋は大型船が自由に通過できるように，水面からさらに距離を取って建設されています。

設問訳 教授は，ブルックリン橋の建設について説明しています。彼が講義で述べている詳細な情報が，どのように課題文で述べられた要点を裏づけているかを説明してください。

解答例 A　4点（満点）の良い解答　track 40

The professor gives examples to support two points in the reading about the Brooklyn Bridge. Both were critical factors in the engineering and construction of the bridge: its length and its height. First of all, the bridge was the longest in the world at the time it was built. Normally, engineers would select a location where they could use surrounding places of higher elevation, but they couldn't do that in New York because of its low-lying land. That meant they needed to extend the bridge 50 percent farther than usual to prevent the bridge from being too steep. Second, the bridge needed to be rather high, about 41 meters above the water, to accommodate the large ships that traveled on the East River. This has become the minimum standard for all bridges built later.

訳 教授は，課題文の中で述べられているブルックリン橋に関する2点を裏づける例を挙げています。いずれも橋の設計と建築において非常に重要な要素でした。それはその長さと高さです。まず第1に，その橋は建設された当時では世界最長でした。通常技術者は，辺りで高い土地が利用できるような立地を選ぶものですが，ニューヨークではその低い土地のためにそうすることができませんでした。そのことは，橋の傾斜が急になりすぎないように，通常より50パーセントも橋を延ばさなくてはならないことを意味しました。第2に，イーストリバーを行き交う大型船の通行を可能にするために，橋には水面から約41メートルというかなりの高さが必要でした。これは後に建設されるすべての橋の最低限の基準になりました。

解説

▶ 構成・内容

・教授が論じているのは，課題文で示されたブルックリン橋の「長さ」「高さ」という2つの点であると説明しています。

・ブルックリン橋の特徴である「長さ」「高さ」について順に説明しています。

　1）長さ：世界最長（建設当時）。橋の傾斜を考え通常より50パーセント長い。

　2）高さ：大型船が川を通行できるだけの橋の高さ。約41メートル。

▶ 語彙・表現

・全体の構成を明確に示す「接続語句」（T）first of all, second

✕ 解答例 B 改善が必要な解答

The professor gives an additional support for two points made in the reading: the length and height of the Brooklyn Bridge. About the first one: length. In most case, engineers can use hills on the shore to make a good anchoring for the bridge. But for the Brooklyn Bridge they could not do this. They had to make a bridge longer than usual. Actually, in this case, about 50 percent longer than usual bridge. Also, many large ships use the river, so they had to make a bridge much higher. In fact, the height of Brooklyn Bridge is 41 meters. This highness is now a kind of minimum standard for bridge built from now.

解説

▶ 良い点

・教授が説明しているのは，課題文で示されたブルックリン橋の「長さ」「高さ」を裏づける点であると述べ，それぞれについて説明しています。

▶ 4点（満点）にするための改善方法

・特に1点目「長さ」について，なぜ長くしなければならなかったかの「詳細」が触れられていません。

・構成を表すには，About the first one: length. ではなく，The first point is length. としたほうが明確です。

・最後の文では動詞に現在時制を用い，また from now とあり，今後の基準であるように書かれていますが，当時から見て後の基準になったので，内容的に誤っています。

・次のような文法や語彙の間違いを直す必要があります。

単数形，複数形：most case → most cases

冠詞：make a bridge longer/higher → make the bridge longer/higher
longer than usual bridge → longer than the usual bridge
Brooklyn Bridge → the Brooklyn Bridge

語彙：「高さ，高度」highness → height
「橋の建設」minimum standard for bridge built
→ minimum standard for bridge construction

Moral Behavior in Animals

Many philosophers believe that conscious reasoning plays a large part in human morality and are unwilling to recognize ethical behavior in animals. But many biologists see evidence for moral behavior in animals, especially primates such as chimpanzees. They see this evidence for moral behavior in two broad ways: sympathy for others, such as caring for those in pain or in need, and actions taken for the good of the community. This moral behavior goes beyond actions such as gathering food for the group and sometimes even includes understanding of the implications of their actions.

Explain how the examples of chimpanzee behavior discussed by the professor demonstrate the principles of sympathy for others and actions taken for the good of the community.

課題文の訳 **動物の倫理的行動**

多くの哲学者は，意識的な論理的思考が人間の倫理において大きな役割を果たすと信じており，動物の倫理的行動を認めようとしません。しかし多くの生物学者は，動物，特にチンパンジーのような霊長類には，倫理的な行動があるという証拠を認めています。彼らは大きく２つの点で，倫理的行動の証拠を認めています。それらは，痛みや困りごとのある者の世話をするような他者への共感と，コミュニティーのためになるように取られる行動です。この倫理的行動は，集団のために食物を集めるような行動を超えていて，ときに彼らの行動の影響の理解も含んでいます。

スクリプト track 41

Now read the passage about moral behavior in animals. You will have 45 seconds to read the passage. Begin reading now.

Now listen to part of a lecture in a biology class.

Traditionally, philosophers have argued that only humans display moral behavior because they claim it relies upon moral reasoning and only humans, they believe, have the capacity for that kind of abstract thought. But biologists who observe animals close up in the field have come to disagree with this narrow definition. In particular, primates exhibit some surprisingly clear examples of moral behavior.

Chimpanzees are especially sympathetic to the problems and plights of others around them. For example, in the wild, when other animals have fallen into holes or have become trapped in vines, chimpanzees have been observed rescuing them. In a zoo, when a human child has fallen into the water around their pens, chimpanzees, who cannot swim, have drowned trying to save the child.

Chimpanzees also show concern for their wider chimpanzee community. For example, when male chimpanzees fight and then fail to make up or end their hostilities, female chimpanzees will try to bring them together to make peace. If the males continue to try to fight, the females will even take the stones out of their hands.

スクリプトの訳

動物の倫理的行動に関する文章を読んでください。文章を読む時間は45秒です。それでは，読み始めてください。

それでは，生物学の授業における講義の一部を聞いてください。

哲学者は伝統的に，倫理的な行動は倫理的な論理的思考によるものであると主張し，人間だけがそういう抽象的な思考をできる能力を持っていると彼らは考えているので，人間だけが倫理的行動を示すと唱えてきました。しかし，現地で間近に動物を観察する生物学者は，この狭い定義に異議を唱えるようになりました。特に，霊長類は，倫理的行動の驚くほどはっきりした例を示します。

チンパンジーは，自分たちの周りの他者の問題や苦境に特に同情の念を抱きます。例えば，野生ではチンパンジーは，他の動物が穴に落ちたとか，つるにひっかかり動けなくなったとき，彼らを救い出す様子が観察されています。動物園では，人間の子どもが囲いの周りの水に落ちたとき，チンパンジーが泳げないのにその子どもを救おうとして溺死したことがあります。

チンパンジーは，より広いチンパンジーコミュニティーに対する気遣いも示します。例えば，オスのチンパンジーが戦い，その後仲直りしたり敵対関係を終わらせたりするのがうまくいかないとき，メスのチンパンジーは彼らを会わせて和解させようとします。オスが戦おうとし続けるならば，メスはオスの手から石を取り上げることさえします。

設問訳 教授が論じているチンパンジーの行動の例が，他者に対する共感とコミュニティーのために取られる行動の原理をどのように示しているか，説明してください。

 解答例 A 4点(満点)の良い解答 

The reading states that many biologists see evidence for moral behavior in animals, especially primates such as chimpanzees. They see this evidence for moral behavior in sympathy for others and actions taken for the good of the community. The speaker describes chimpanzees' capacity for sympathy by talking about specific cases in which they rescued other animals in the wild and a human child at a zoo. Next, the speaker gave an example of actions chimpanzees take for the community. The speaker said that female chimpanzees will try to help end fighting between male chimpanzees. She said female chimpanzees will even take stones from their hands to stop them from fighting. These examples show how animals demonstrate moral behavior, in particular, sympathy for others and actions taken for the community.

訳 多くの生物学者が，動物，特にチンパンジーのような霊長類の倫理的行動の証拠を認めていると，課題文は述べています。他者への共感や，コミュニティーのために取られる行動において，生物学者は倫理的行動のこの証拠を認めています。話者は，野生において他の動物を救い，動物園で人間の子どもを救った具体例を話すことで，チンパンジーの共感の能力について説明しています。次に，話者はチンパンジーがコミュニティーのために取る行動の例を挙げました。話者は，メスのチンパンジーがオスのチンパンジー同士の戦いを終わらせる手助けをしようとすると述べました。メスのチンパンジーが戦いを止めるために，オスの手から石を取り上げることさえすると話しました。これらの例は，いかに動物が倫理的行動をするか，特に他者への共感と，コミュニティーのためになる行動をするかを示しています。

解説

▶ 構成・内容

・問題に沿って，チンパンジーの行動の例が，他者への共感およびコミュニティーのための行動をいかに示しているかを明確に説明しています。

1）「他の動物や人間の子どもを救う例」を共感の説明に使用

2）「メスがオスの戦いの終了を助ける例」をコミュニティーのための行動の説明に使用

・最後に適切な「結論」(C) を述べています。

▶ 語彙・表現

・例を使ってポイントを述べるとき，次のような適切な表現を使っています。

The speaker describes ～ by talking about specific cases ...

the speaker gave an example of ...
These examples show ...

× 解答例 B 改善が必要な解答

I think the professor agrees with the reading. She says that animals can show good moral behavior. She gives many examples of good actions by chimpanzees. They help other animals who are in trouble, like falling into a hole and unable to get out. They jump into a pool to save a child even they cannot swim. Female chimpanzees try to stop fighting between male chimpanzees. Female chimpanzees also try to get male chimpanzees to make a good relationship after fighting.

解説

▶ 良い点

・「動物は倫理的行動を示す」という主題を述べ，教授が使った例を正しく説明しています。

▶ 4点（満点）にするための改善方法

・問題文の「他者への共感およびコミュニティーのための行動の原理」について触れ，チンパンジーの行動が何の例なのかを述べます。

・各文を結びつけて，全体として論理的に展開します。その際，「接続語句」(T) を使い，全体の構成をわかりやすくします。

・最後に，適切な「結論」(C) を述べます。

・文法などの間違いを直す必要があります。

脱落：falling into a hole and unable to get out
→ falling into a hole and being unable to get out
save a child even they cannot swim
→ save a child even though they cannot swim

解答チェック!

実戦問題 1 ～ 3 の自分の解答を振り返り，次の項目についてチェックしましょう。

- [ ] 60 秒以内に解答を終えた
- [ ] 課題文の情報に対する教授の「主題」（M）を第 1 文に明確に示した
- [ ] 課題文にある「理由／ポイント」（R/P）に対する教授の説明を示した
- [ ] 各「理由／ポイント」を裏づける明確な「例，詳細」（E）を少なくとも 1 つ示した
- [ ] 明確な「結論」（C）を示した
- [ ] 適切な「接続語句」（T）を使った
- [ ] 適切に設問の表現の繰り返しや言い換えをした
- [ ] よどみなく円滑に話した
- [ ] 単純な文法ミスをしなかった

Question 3 のポイント

● Question 3 では，アカデミックな話題の課題文を読み，同じ話題の講義を聞き，課題文と関連づけて講義の見解を述べることが求められます。30 秒で準備し，60 秒で話をまとめます。

●課題文の主題，理由／ポイント，例や詳細を簡潔に紙の左半分にメモします。

●講義を聞く際，左側の課題文のメモと関連づけながら，主題，理由／ポイント，例や詳細を紙の右半分にメモします。

●質問を聞く際は何を解答するように求められているかをよく理解して，要点を説明する準備をします。

●解答の際，課題文の要点と講義の要点を関連づけながら明確に述べます。このとき，質問で使われた語句を使うとより適切に述べることができます。

●講義における教授の例や詳細への言及を表す次のような表現を使えるようにしましょう。
gives specific examples to support ... / supplies examples ... / provides information ...

●日頃からアカデミックな英文を読み，同じトピックの英語の講義を聞いて，メモを取り，要旨を説明する練習をしておきましょう。

実戦練習 Question 4

Question 4では，講義の一部を聞き，それに関する問題に答えます。問題を聞いた後，20秒で解答を準備し，60秒で話します。各問題に解答する際は解答時間を目安にして，録音をしましょう。

Using points and examples from the lecture, compare the two pain relief medicines aspirin and acetaminophen and describe the specific uses and side effects of these medications as described by the professor.

スクリプト

track 43

Now listen to part of a lecture in a health sciences class.

Everyone sometimes needs pain relief. Today I'm going to talk about the two most common types of pain relievers: aspirin and acetaminophen. These days, both are readily available at any drugstore or supermarket. But for about 2,000 years, there was little choice—at least in the West. It was aspirin. In ancient Greece, Hippocrates, the father of western medicine, recommended chewing the bark of the willow tree to relieve pain and fever. Sure enough, that's where the active compound in aspirin was first found. Of course, it's now been isolated and synthesized to make it a more effective medicine. Aspirin directly relieves pain and reduces swelling—it is generally safe and effective. Unfortunately, it also has side effects. Since aspirin dilates blood vessels, it interferes with the body's ability to stop bleeding—so you should never take it before surgery. It also can sometimes cause stomach upset, or even bleeding in the digestive tract. So you should always observe how your stomach responds to it—and always take it with food. Finally, don't give aspirin to children since it's been linked to certain kinds of brain swelling in kids with the flu and other viruses.

Because of these side effects, alternatives to aspirin were eagerly sought throughout the 1960s and 70s, and one of the best that was found is called acetaminophen. That's a-ce-ta-min-o-phen. Acetaminophen is a very effective pain reliever and also reduces fever, but it isn't an anti-inflammatory, meaning it doesn't reduce swelling. But fortunately it doesn't have the side effects of aspirin, so you don't have to worry about stomach upset or bleeding. Perhaps the only shortcoming of acetaminophen is that it can cause liver failure, so people with liver problems shouldn't take it.

スクリプトの訳

それでは，保健科学の授業における講義の一部を聞いてください。

誰もがときに痛み止めを必要とします。今日は，アスピリンとアセトアミノフェンという２つの最も一般的な種類の鎮痛剤についてお話しします。両方とも，最近どこのドラッグストアやスーパーマーケットでも簡単に手に入ります。しかしながら，約2,000年の間，少なくとも西洋では，ほとんど選択の余地はありませんでした。アスピリンを飲んだのです。古代ギリシャで，西洋医学の父であるヒポクラテスは，痛みや熱を緩和するために柳の樹皮をかむことを勧めました。案の定，そこでアスピリンの有効成分が最初に発見されたのです。もちろん，より効力のある薬にするため，それは現在では分離，合成されています。アスピリンは，直接痛みを抑え，腫れをひかせる効果があり，おおむね安全で効果的です。残念ながら副作用もあります。アスピリンは血管を拡張させるために，出血を止める体の機能を妨げます。ですから，手術の前には決して飲んではいけません。ときには胃の調子が悪くなったり，消化管内での出血を引き起こしたりすることさえあります。そのため，胃がアスピリンにどう反応するかを常に観察すること，そして必ず食事と一緒に服用しなければなりません。最後に，インフルエンザやその他のウイルスに感染している子どもの場合，ある種の脳の腫れにつながるので，アスピリンを子どもに飲ませてはいけません。

これらの副作用のため，1960年代から70年代にかけて，アスピリンに代わるものが熱心に探し求められ，そして発見された最も良い代替薬の1つが，アセトアミノフェンと呼ばれるものです。ア・セ・ト・ア・ミ・ノ・フェ・ンです。アセトアミノフェンは，大変有効な鎮痛剤で解熱効果もありますが，抗炎症作用はなく，それはつまり腫れをひかせる効果はないということを意味します。しかしながら，幸いにもアスピリンに見られるような副作用はないので，胃の不調や出血を心配する必要はありません。おそらくアセトアミノフェンの唯一の欠点は，肝不全を引き起こす可能性があることで，肝機能に問題のある人はこの薬を服用するべきではありません。

設問訳 この講義の要点や例を用いて，２つの鎮痛剤アスピリンとアセトアミノフェンを比較し，教授が説明したこれらの薬の具体的な服用法と副作用について説明してください。

解答例 A　4点（満点）の良い解答　track 44

The professor discusses two pain medications in his talk: aspirin and acetaminophen. Aspirin is older than acetaminophen. Aspirin is very effective in reducing both pain and swelling. It does have some negative side effects, though. Since aspirin makes it hard to stop bleeding, you should avoid taking it before surgery. Moreover, it causes stomach upset in some people, so you should take it with food. And you should never give it to a small child, because some children will experience negative reactions to it. Acetaminophen was developed in the 1960s and 70s as a response to the negative side effects of aspirin. It reduces pain and fever, and doesn't upset the stomach. Its only drawback is that it can cause liver failure, so it shouldn't be taken by those who have liver problems.

訳 教授は，講義の中でアスピリンとアセトアミノフェンという２つの鎮痛剤について述べています。アスピリンのほうがアセトアミノフェンより古いものです。アスピリンは痛みを抑えるのにも腫れをひかせるのにも大変効果的です。しかしながら，有害な副作用もいくつかあります。アスピリンは出血を止まりにくくするため，手術の前には飲むのを避けるべきです。さらに，人によっては胃の調子が悪くなることがあるので，食事と一緒に飲むべきです。また，良くない反応を示す子どももいるので，小さな子どもに決して与えてはいけません。アセトアミノフェンはアスピリンの有害な副作用の問題に対処するよう，1960年代から70年代にかけて開発されました。この薬は痛みを減らし熱を下げ，しかも胃に負担をかけません。その唯一の欠点は，肝不全を引き起こす可能性があることですので，肝機能に問題を抱える人はこの薬を服用するべきではありません。

解説

▶ 構成・内容

・副作用については，アスピリンは「出血を止まりにくくする」「胃の調子が悪くなることがある」「良くない反応を示す子どもがいる」，アセトアミノフェンは「肝不全を引き起こす可能性がある」と説明しています。服用法については，アスピリンは「手術の前に飲むのは避ける」「食事と一緒に飲む」「小さな子どもに与えない」，アセトアミノフェンは「肝機能に問題のある人は服用しない」と述べています。

▶ 語彙・表現

・追加を示す「接続語句」（T）moreover

✕ 解答例 B 改善が必要な解答

The professor talks about two types of pain medications: aspirin and acetaminophen. He explains the history of both. Aspirin has been available for more than 2,000 years. Ancient Greeks used to chew the bark of the willow tree to get the benefits of the compound found in aspirin. Later, that compound was isolated and synthesized to make a more efficient medicine. Now aspirin is very popular as a pain relief medication. It does have some bad side effects though, mainly irritating the stomach and causing bleeding in the digestive tract. Because of these two side effects, scientists tried to find an alternative to aspirin during the 1960s and 1970s. They discovered acetaminophen. Not only does it help alleviate pain, it also reduces fever. But it can cause problems for the liver.

解説

▶ 良い点

・文法および語法は正確です。

・アスピリンとアセトアミノフェンについて，論理的に述べています。

▶ 4点（満点）にするための改善方法

・アスピリンとアセトアミノフェンの副作用について述べていますが，歴史についても詳しく語ってしまっており，服用法について述べていません。問題に沿って2つの薬の副作用だけでなく，服用法を説明する必要があります。

・「接続語句」（T）を用いて，2つの薬の服用法と副作用をわかりやすく示さなければなりません。

実戦問題 2

準備 20 解答 60 track 45

Using points and examples from the talk, explain the two ways Obsessive-Compulsive Disorder can be treated.

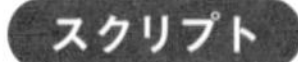

Now listen to part of a talk in a psychology class.

OCD stands for Obsessive-Compulsive Disorder, a behavioral disorder in which a person excessively repeats a certain action, for example, checking many times to see if a door is locked. Today I'd like to talk about two common treatments for OCD, one medical and the other psychological.

It used to be thought that OCD was simply the result of a weak or unstable personality. As such, it was considered to be untreatable medically. We now know, however, OCD is related to a condition within the brain that interferes with the brain's ability to transfer and process information—in particular, when the front part of the brain and the brain's deeper structures do not communicate properly. Both the frontal lobe and the brain's deeper structures rely on the chemical messenger serotonin. It's been found that there's a correlation between OCD and serotonin levels. Medicines that increase the amount of serotonin present in the brain have been shown to lower the occurrence of OCD behavior.

In addition, another important way that OCD can be treated is with a psychological therapy called Cognitive Behavioral Therapy, or CBT. Many OCD patients can benefit from CBT. The therapist helps patients objectively recognize when they are demonstrating OCD behavior. Usually, OCD patients don't even realize what they are doing. Having objectivity about one's actions is the first step. But therapists not only help OCD patients develop the necessary self-awareness, they also encourage them to consider what they were thinking when they were compulsively washing their hands or repeatedly checking to see if they'd left the stove on.

スクリプトの訳

それでは，心理学の授業における講義の一部を聞いてください。

OCDは，強迫性障害（Obsessive-Compulsive Disorder）の略で，例えばドアが施錠されているかを何度も確認するなど，特定の行動を過度に繰り返す行動障害です。今日は，OCD の2つの一般的な治療法，つまり医学的な治療法と心理的な治療法についてお話ししたいと思います。

かつては，OCDは単に弱い性格や不安定な性格によるものだと考えられていました。そのため医学的には治療できないと考えられていました。しかし，現在は，OCDは情報を伝達し処理する脳の能力を阻害する脳内の状態に関連していることがわかっています。特に脳の前部と脳深部構造が適切に伝達していない場合です。前頭葉と脳深部構造は，化学伝達物質であるセロトニンに依存しています。OCDとセロトニンレベルとの間には相関関係があることがわかっています。脳内に存在するセロトニンの量を増加させる薬は，OCD行動の発生を低減させることが示されています。

さらに，OCDを治療できるもう1つの重要な方法は，認知行動療法（Cognitive Behavioral Therapy）もしくはCBTと呼ばれる心理療法を用いる方法です。多くの OCD 患者は CBTの恩恵を受けることができます。セラピストは，いつ自分がOCD行動を示しているかを患者が客観的に認識するよう支援します。通常OCD患者は，自分が何をしているのかさえ自覚していません。自分の行動について客観性を持つことが最初のステップです。しかし，セラピストは，OCD患者が必要な自己認識を身につけるのを助けるだけでなく，強迫的に手を洗ったり，コンロをつけたままにしていないかどうかを繰り返し確認したりしているときに，自分が何を考えていたのかを検討するように促しもします。

設問訳 この講義の要点と例を用いて，強迫性障害の治療ができる2つの方法を説明してください。

解答例 A 4点（満点）の良い解答 track 46

The professor talks about two possible treatments for OCD, or Obsessive-Compulsive Disorder, a condition where people excessively repeat the same action. One treatment is medical, and the other is psychological therapy. Doctors now know that OCD is not a weakness of personality, but instead a condition that happens when the brain's serotonin levels are too low. Medicines that raise serotonin levels help the various parts of the brain communicate better with each other. Another approach is Cognitive Behavioral Therapy, or CBT. Therapists who use CBT help OCD patients become more objectively aware of their actions so that they can more carefully consider what they were thinking at the time. Developing awareness of their behavior is the first step at getting them to eliminate OCD behavior.

訳 教授は，人が同じ行動を過度に繰り返す状態であるOCDすなわち強迫性障害の2つの可能な治療法について話しています。1つの治療法は医学的で，もう1つは心理的な治療法です。医師は現在，OCDは性格の弱さではなく，脳のセロトニンレベルが低すぎるときに起きる状態であることを知っています。セロトニンレベルを上げる薬は，脳のさまざまな部位が互いにより良く伝達する補助をします。もう1つのアプローチは，認知行動療法すなわちCBTです。CBTを使うセラピストは，OCD患者が自分の行動をより客観的に認識できるように支援し，その時点で何を考えていたかをより注意深く検討できるようにします。自分の行動に対する意識を高めることは，OCD行動を彼らに排除させるための最初のステップです。

解説

▶ 構成・内容

・強迫性障害の医学的治療法と心理的治療法に関する講義を説明しています。キーワードとしてセロトニンやCBT（認知行動療法）等を使用して治療方法を説明しています。

▶ 語彙・表現

・関係代名詞の使用

Medicines that raise serotonin levels help ...

Therapists who use CBT help OCD patients ...

✕ 解答例 B 改善が必要な解答

Lecturer says two ways to treat OCD. It is medicine and counseling. Many people think OCD is only weak person character, but now doctor know it is medical problem. OCD caused by lack of chemical in brain, so brain doesn't send information smoothly inside brain. Some medicine it increase chemical means OCD not happen so much. So medicine is good for OCD. Counseling helps, too. Many people have OCD don't know, so therapy help them understand. If they understand, they can think deeply. Maybe they change their action and stop OCD. So psychology counseling is good against OCD, lecture says.

解説

▶ 良い点

・強迫性障害の2つの治療法に関して，教授の話を説明しています。

▶ 4点（満点）にするための改善方法

・解答が短いため，3割程度長くする必要があります。

・説明が断片的で不十分です。セロトニンや認知行動療法等，講義のキーワードを使って適切に要点を述べることが求められます。また，適切な接続語句を使うことも必要です。

・多くの文法および語法の誤りを直す必要があります。

冠詞，語彙：Lecturer says two ways → The lecturer talks about two ways

単数形・複数形：It is medicine and counseling.
→ They are medicine and counseling.

主語と動詞の一致：doctor know → doctors know

脱落：Many people have OCD don't know
→ Many people who have OCD don't know

語彙：psychology counseling → psychological counseling

Using points and examples from the lecture, explain why a company's accounting department should prepare accurate financial statements.

Now listen to part of a lecture in a business class.

Now let's look at why it's so important for a company's accounting department to prepare precise and accurate financial statements. Accountants must ensure that the statements they generate faithfully show the actual financial situation of the company. We'll consider two specific areas today: applying for loans and paying taxes.

First of all, if a business needs a loan, for example to purchase some needed equipment or to cover some unexpected expenses, the first thing the bank or other lending institution will ask for is the company's relevant financial statements. They need to see if the company is worth the risk to grant the loan. They'll want to look at the balance sheet to see the debt-to-equity ratio. If the company already has too many outstanding loans on its books, the bank may hesitate to approve the loan application. The cash flow statement is also an important part of the process, because the bank needs to check that the company has enough cash available to repay the loan on schedule.

Financial records are also needed for the payment of taxes. Companies pay taxes based on profits, not only to the national government, but usually also to state and local governments. It is essential that the company's income statement accurately convey the amount of profit on which the tax is due to make sure that the proper amount is paid to the relevant authorities, not too much or too little.

スクリプトの訳

それでは，ビジネスの授業における講義の一部を聞いてください。

それでは，会社の経理部門が精密で正確な財務諸表を用意することがなぜそれほど重要なのかを見てみましょう。会計士は，作成する財務諸表が会社の実際の財務状況を忠実に示すようにする必要があります。今日は，ローン（融資）の申請と税金の納付という２つの特定の領域について考えます。

まず第1に，例えば，必要な機器を購入したり，予想外の出費を賄ったりするために会社がローンを必要とする場合，銀行や他の融資機関が最初に要求するのは，その会社の関連する財務諸表です。彼らは，ローンを許可するリスクに見合う価値が会社にあるかどうかを確認する必要があります。彼らは自己資本に対する負債比率を確認するために貸借対照表を見たいと思うでしょう。会社の帳簿に記載されている未払いのローンがすでに多すぎる場合，銀行はローン申請の承認を躊躇する可能性があります。キャッシュフロー計算書も一連の手続きの重要な部分です。なぜなら銀行は，会社が予定どおりにローンを返済するのに使える十分な現金を持っていることを確認する必要があるためです。

税金の納付にも財務記録が必要です。会社は，中央政府だけでなく，通常，州や地方の自治体に対しても，利益に基づいて税金を納付します。確実に過不足のない適切な金額が関係当局に支払われるようにするためには，会社の損益計算書が税金の対象となる利益額を正確に表していることが極めて重要です。

設問訳 この講義の要点と例を用いて，会社の経理部門が正確な財務諸表を用意すべき理由を説明してください。

解答例 A 4点（満点）の良い解答

The professor says that preparing accurate financial records is an important job for the company's accounting department. The professor talks about applying for bank loans and paying taxes. When a company applies for a loan, the bank needs to make sure that the company can repay the loan, so they rely on accurate financial information to decide this. If the balance sheet shows a debt-to-equity ratio that is too high, it may be difficult to get the bank's approval. Also, the bank wants to know if the company has enough available cash to make the loan payments on schedule. In addition, companies have to pay taxes on their profits, and the income statement needs to be accurate so that the company pays the right amount, not too much and not too little.

訳 教授は，正確な財務記録を用意することは，会社の経理部門にとって重要な仕事であると述べています。教授は銀行ローンの申請と税金の納付について話しています。会社がローンを申し込むとき，銀行は会社がローンを返済できることを確認する必要があり，それゆえ銀行はこれを決定するために正確な財務情報を当てにしています。自己資本に対する負債比率が高すぎることを貸借対照表が示している場合，銀行の承認を得るのが難しい場合があります。また，銀行は，予定どおりにローンの支払いを行うのに十分な現金が会社にあるかどうかを知りたいと考えています。加えて，会社は利益に対して税金を納付する必要があり，会社が過不足のない正しい金額を支払うように，損益計算書は正確である必要があります。

解説

▶ 構成・内容

・講義の要点として，会社の経理部門による正確な財務記録作成の重要性と，その「理由」(R) の「銀行ローンの申請」「税金の納付」を述べています。

▶ 語彙・表現

・講義の要点を示す際に，次の表現を使用しています。
The professor says that ...　The professor talks about ...

・追加を示す「接続語句」(T) also, in addition

✕ 解答例 B 改善が必要な解答

A lecture says companies need to manage their business effectively. So accounting department makes financial statement that showing accurate information about a company. First, if a company wants a loan from a bank, the bank needs to see that a company can pay back the loan. If company already have many loans, maybe bank don't loan a company money. Also, bank wants make sure a company have enough cash to pay loan. Second, companies pay taxes, so it is necessary to know exactly how much taxes needs be paid by company. Company don't want pay too much, but also not too little. So accurate financial statement is needed for manage business well.

解説

▶ 良い点

・講義で挙げられた，会社がするべきこととその理由をある程度述べています。

・「接続語句」(T) first, second, so などを用いて，全体の構成や文と文のつながりを示しています。

▶ 4点（満点）にするための改善方法

・会社の経理部門が正確な財務諸表を作成すべき理由について適切に答える必要があります。解答では，会社がするべきことをある程度述べていますが，財務諸表が銀行ローンの申請と税金の納付にどのように関連しているかを説明して，財務諸表を作成すべき理由を述べる必要があります。

・多くの文法および語法の誤りを直す必要があります。

冠詞，語彙：A lecture says → The lecturer says

冠詞：accounting department → the accounting department

単数形・複数形，分詞：

financial statement that showing accurate information
→ financial statements showing accurate information

主語に一致した動詞の形，冠詞，脱落：

If company already have many loans, maybe bank don't loan a company money.
→ If the company already has many loans, maybe the bank won't loan money to the company.

bank wants make sure a company have enough cash to pay loan
→ the bank wants to make sure the company has enough cash to pay the loan

how much taxes needs be paid by company
→ how much tax needs to be paid by the company

Company don't want pay → The company doesn't want to pay

不定詞，冠詞：accurate financial statement is needed for manage business well
→ an accurate financial statement is needed to manage the business well

解答チェック！

実戦問題 1 ～ 3 の自分の解答を振り返り，次の項目ができたかをチェックしよう。

- □ 60 秒以内に解答を終えた
- □ 「主題」（M）を明確に示した
- □ 「主題を裏づける理由／ポイント」（R/P）を明確に示した
- □ 具体的な「例，詳細」（E）を示した
- □ 適切な「接続語句」（T）を使った
- □ 適切に設問の表現の繰り返しや言い換えをした
- □ よどみなく円滑に話した
- □ 単純な文法ミスをしなかった

Question 4 のポイント

● Question 4 では，アカデミックな講義を聞き，重要な点について説明することが求められます。20 秒で準備し，60 秒で話をまとめます。

●講義を聞く際，主題，理由／ポイント，例や詳細をメモします。

●質問を聞く際，何を解答するよう求められているかをよく理解して，重要な点について説明する準備をします。

●解答の際，質問で問われている重要な点について明確に述べます。このとき，質問で使われた語句を使うとより適切に述べることができます。

●講義における因果関係を示す次の表現を使えるようにしておくとよいでしょう。
contribute to ... / have an influence on ... / have an effect on ...

●日頃からアカデミックな英語の講義を聞いて，メモを取り，その内容を説明する練習をしておきましょう。

CHAPTER 4

Final Test

Final Test 1

■解答・解説 p. 228 ~ 246

No. 1 track 49

Some students prefer to study at home. Others would rather study in the library. Which do you prefer and why?

Preparation time: 15 seconds
Response time: 45 seconds

No. 2 track 50

Reading time: 45 seconds

Increased Security Procedures: Weeknights and Weekends

Due to the recent wave of thefts around campus, all science laboratories will increase the level of security checks for all students and faculty on weekdays after 6:00 P.M. and on weekends. Effective immediately, all bags and backpacks will be inspected when a person both enters and leaves any of the science labs. There will be no exceptions! The university regrets having to take these measures, but given the number of campus thefts reported recently, it is unavoidable. If you have any questions about this policy, please email the security office at this email address: security@cityu.edu.

The man expresses his opinion about the change in laboratory security procedures. State his opinion and explain the reasons he gives for holding that opinion.

Preparation time: 30 seconds
Response time: 60 seconds

No. 3 

Reading time: 45 seconds

Obtaining Colors for Dyes and Pigments

Early peoples learned how to extract colors from plants, animals, and minerals. They used these colors in "dyes" to color their clothes and in "pigments" to paint their bodies. It was not until the second half of the 19th century that the chemical make-up of dyes was understood. It was then discovered that dyes are complex organic substances that are chemically bound to the fibers. By contrast, pigments are larger particles that form a film on a surface like a paint.

Using examples discussed by the professor, explain the origin of dyes and pigments.

Preparation time: 30 seconds
Response time: 60 seconds

No. 4 track 52

Using points and examples from the lecture, explain the role of sociology in shaping American society.

Preparation time: 20 seconds
Response time: 60 seconds

Final Test 1 解答解説

▶問題　p. 224 ～ 227

No. 1

スクリプト track 49

Now, you need to state your opinion about a general topic. There will be 15 seconds of preparation time and 45 seconds for speaking.

スクリプトの訳

それでは，一般的なトピックについて意見を述べてください。準備時間は15秒，話す時間は45秒です。

設問訳 家で勉強するほうが好きな学生がいます。図書館で勉強するほうがよい学生もいます。あなたはどちらが好きですか。その理由は何ですか。

解答例 A 模範解答 track 53

I personally would much rather study at home. There are two reasons. To begin with, my home is quieter than the library. In the library, students come and go, move around, and sometimes talk with each other. My room at home is always quiet and I'm able to concentrate. Next, I prefer to study at home because it is more comfortable than the library. For example, my desk and chair fit me exactly. Moreover, I can adjust the temperature of the room. I can also eat snacks or drink coffee whenever I want to, which is not allowed in the library. (Consequently, I truly prefer to study at home rather than the library.)

訳 私は，個人的には家で勉強するほうがずっとよいです。理由は2つあります。まず第1に，家のほうが図書館より静かです。図書館では，学生が出入りしたり，動き回ったり，ときには学生同士で話したりします。家の自室はいつも静かで，集中できます。次に，家で勉強するほうを好むのは，図書館より快適だからです。例えば，机といすが自分にぴったり合っています。さらに，室温を調節できます。いつでも好きなときに間食を取ったりコーヒーを飲んだりすることもできますが，これは図書館では許されません。（そのため，図書館よりも自宅で勉強するほうが本当に好きです）

解説

まず「家で勉強するほうがよい」との立場を述べ，次に「理由」(R)，「例，詳細」(E)を挙げています。「理由」(R)には，家のほうが静かで快適であることを挙げ，「例，詳細」(E)として，自分の家と図書館の環境を比較し，家でできることを述べています。残り時間があれば，最後に「結論」(C)を述べることができます。

設問の表現に personally, much, truly を加えて，意見の強調や多様な表現を示すことができます。

▶ 構成・内容

主題 (M)　would ... rather study at home「家で勉強するほうがよい」

　理由 (R) 1　quieter「家のほうが静か」

　　例，詳細 (E) 1　library: come and go, move around, talk「図書館は人の動きやおしゃべりがある」

　　　my room: quiet, concentrate「自室は静かで集中できる」

　理由 (R) 2　more comfortable「家のほうが快適」

　　例，詳細 (E) 2　desk and chair fit me「机といすが合っている」

　　　adjust the temperature「温度を調整できる」

　　　eat ... or drink「飲食できる」

結論 (C)　prefer to study at home「家で勉強するほうが好き」

▶ 役立つ語彙・表現

自分の意見を述べる：I would rather study ...

　I prefer to study ...

意見を強調する：I would much rather study ...

　I truly prefer to study ...

多様な表現を使う：I personally would rather study ...

接続語句 (T)：to begin with, next, for example, moreover, consequently

I really think studying in the library is much better for me. First, the library is very quiet, while my home is not. At home, my brother and sister argue all the time and make a lot of noise. And the TV is always very loud. In the library, noise isn't permitted. Therefore, I can concentrate. Second, the library is very convenient. It's right next to the classroom building. After class, I can easily find a quiet place to study. In addition, if I need a book, I can just check it out. By and large, the library is much more convenient. (For these two reasons—quietness and convenience—I would much rather study in the library.)

訳 図書館で勉強するほうが自分にはずっとよいと本当に思っています。第1に，図書館はとても静かですが，私の家はそうではありません。家では，弟と妹がしょっちゅう口げんかをして，騒がしいです。そして，テレビはいつも大音量でついています。図書館では，騒音は許されません。ですから，集中できます。第2に，図書館はとても便利です。教室棟のすぐ隣にあります。授業後，すぐに静かな勉強場所を見つけることができます。その上，本が必要であれば，借りることができます。概して，図書館のほうがずっと便利です。（静かであることと便利であること，これら２つの理由から私は図書館で勉強するほうがずっとよいです）

解説

まず「図書館で勉強するほうがよい」との立場を述べ，次に「理由」(R)，「例，詳細」(E) を挙げています。「理由」(R) としては，図書館のほうが静かで便利であることを挙げ，「例，詳細」(E) として，図書館と家の環境を比較し，図書館でできることを述べています。時間の余裕があれば，最後に「結論」(C) を述べることができます。

really, much, for me を設問の表現に加えて，意見の強調や多様な表現を示すことができます。

▶ 構成・内容

主題 (M)　studying in the library is ... better「図書館で勉強するほうがよい」

　理由 (R) 1　quiet「図書館のほうが静か」

　　例，詳細 (E) 1　home: my brother and sister argue, TV
　　　「家は弟や妹の口げんかやテレビで騒がしい」
　　　library: noise isn't permitted
　　　「図書館では騒音は許されない」

　理由 (R) 2　convenient「図書館のほうが便利」

　　例，詳細 (E) 2　next to the classroom building「教室棟の隣」
　　　check it out「(本)を借りられる」

結論 (C)　would ... rather study in the library「図書館で勉強するほうがよい」

▶ 役立つ語彙・表現

自分の意見を述べる：I think studying in the library is better ...

意見を強調する：I really think ...
studying in the library is much better
I would much rather study ...

多様な表現を使う：... is better for me

接続語句 (T)：first, therefore, second, in addition, by and large, for these two reasons

No. 2

課題文の訳　セキュリティ措置の強化：平日の夜および週末

学内の盗難が最近急増しているため，すべての科学研究室は，平日午後 6 時以降と週末，すべての学生と教員対象のセキュリティチェックのレベルを引き上げます。これはただちに実施され，すべてのバッグおよびバックパックは，どの科学研究室でも入退出時に検査されることになります。例外はありません！　こういった措置を講じなければならないことを大学としては残念に思いますが，最近報告されている学内の盗難件数を考えると，避けることはできません。この方針について質問があれば，保安課にメールでご連絡ください。アドレスは security@cityu.edu です。

スクリプト

Now, you need to read a short passage and listen to a conversation related to that topic. Then, you will need to answer a question concerning these items. There will be 30 seconds of preparation time and 60 seconds for speaking.

The university is planning to increase the level of security checks for its science laboratories. Read the announcement about the new security procedures. You will have 45 seconds to read the announcement. Begin reading now.

Now listen to two students discussing the announcement.

W : I'm a little surprised they're going to start inspecting our bags and backpacks every time we use the lab. Isn't that a bit too much?

M : Wait a minute, Jocelyn. It's not every time. It's only in the evening and on the weekends. You don't have to have your bags and backpacks inspected during the day.

W : I know, but still it seems they are too worried about security.

M : I disagree. The reality is that there have been a lot of instances where stuff has disappeared from the labs. The university has a duty to stop that from happening.

W : Yeah, but it seems kind of extreme.

M : I'm not sure I agree with you. It just takes a couple extra seconds to let the security people look inside your backpack.

W : I guess you're right.

M : Also, think about what some people might do with the harmful chemicals and equipment they steal. They might try to make explosive devices, poison gas or something.

W : When you put it that way, it doesn't seem like that much trouble to open our bags for inspection, does it?

スクリプトの訳

それでは，短い文章を読み，そのトピックに関連した会話を聞いてください。その後で，両者に関する質問に答えてください。準備時間は30秒，話す時間は60秒です。

大学は科学研究室のセキュリティチェックのレベルを上げる予定です。新しいセキュリティ措置に関する通知を読んでください。通知を読む時間は45秒です。それでは，読み始めてください。

それでは，通知について話している２人の学生の会話を聞いてください。

W：私たちが研究室を使うたびに，バッグやバックパックを検査されることになるなんてちょっと驚きよ。少しやりすぎじゃない？

M：ジョスリン，ちょっと待って。毎回ではないさ。夜間と週末だけだよ。日中，バッグやバックパックを検査される必要はないんだ。

W：わかってるけど，それでもセキュリティについて大学は心配しすぎのように思える。

M：そうは思わないよ。実際に研究室からものが消えたことも多かったわけだし。大学はそんなことが起きないようにする義務があるよね。

W：ええ，でもちょっと極端のように思えてね。

M：それはどうかな。セキュリティ担当者にバックパックの中を見せるのに，数秒余分にかかるだけじゃない。

W：確かにね。

M：それに，一部の人が盗んだ有害な化学物質や機器でどんなことをするかもしれないか考えてみてよ。爆発装置や毒ガスか何かを作ろうとするかもしれないよ。

W：そんなふうに言われると，検査でバッグを開けるのは，それほどたいしたことじゃないように思えるわ。

設問訳 男性は，研究室のセキュリティ措置の変更について意見を述べています。彼の意見を述べ，その意見について彼が挙げている理由を説明してください。

The man supports the change in security procedures for all of the science labs on campus. He thinks these procedures will help to reduce theft on campus and also prevent someone from stealing harmful chemicals or equipment that could be used to create bombs, poison gas or other dangerous things. He thinks the inspections are not inconvenient because they will only be done on weekends and in the evenings, not during daytime lab classes. He also says it only takes a few seconds for students to open their bags and backpacks. When he thinks about the increase in theft and the time the new safety precautions take, he feels that the new security procedures are justified.

訳 男性は，学内のすべての科学研究室のセキュリティ措置の変更を支持しています。これらの措置は，学内の盗難を減らし，爆弾，毒ガス，その他の危険なものを作るのに使われるかもしれない有害な化学物質や機器を誰かが盗むのを防止する助けにもなると，彼は考えています。検査は日中の実験授業のときではなく，週末と夜間だけ行われるため，不都合はないと考えています。また，学生がバッグやバックパックを開けるのには数秒しかかからないとも，彼は言っています。彼は，盗難の増加と新たな安全上の予防策にかかる時間を考えると，新しいセキュリティ措置は正当だと感じています。

解説

大学の方針に賛成であるという男性の意見をまず述べ，次にその「理由」(R)，「例，詳細」(E) を説明しています。

▶ 構成・内容

主題 (M) supports the change in security procedures for all of the science labs
「すべての科学研究室のセキュリティ措置の変更を支持」

理由 (R) 1 reduce theft on campus「学内の盗難の減少」

例，詳細 (E) 1 harmful chemicals or equipment ... to create bombs, poison gas ...
「爆弾や毒ガスを作るための有害な化学物質や機器」

理由 (R) 2 inspections are not inconvenient「検査に不都合はない」

例，詳細 (E) 2 only weekends and ... evenings「週末と夜間だけ」
only takes a few seconds「数秒かかるだけ」

結論 (C) new security procedures are justified
「新しいセキュリティ措置は正当」

▶ 役立つ語彙・表現

話者の意見を述べる：When he thinks about ～ , he feels that ... are justified.
「彼は，～を考えると，…は正当だと感じている」

言い換え：security procedures, these measures → safety precautions

解答例 B 模範解答

The man believes the new procedures are necessary and justified. He points out the increase in thefts around campus, and he feels that something must be done to alleviate this situation. He says that the university must not allow chemicals and lab equipment to be used by people who may use them harmfully. For the man, safety is paramount. The small amount of time it takes to have one's bags inspected is a small price to pay for that safety. Besides, as the man points out, these measures will be in effect only on the weekends and in the evenings, so normal daytime classes will not be affected by this change in security procedures. So the man supports this policy.

訳 男性は，新しい措置は必要であり正当だと考えています。彼は，キャンパスでの盗難の増加を指摘し，この状況を改善するために何かされなければならないと感じています。大学は，有害な方法で使用するかもしれない人に化学物質や実験装置を使用させてはならない，と彼は言っています。男性にとっては，安全が最も重要です。バッグの検査を受けるのにかかるわずかな時間は，その安全のために支払われる小さな代償です。その上，男性が指摘するように，これらの措置は週末と夜間だけ取られるので，通常の日中の授業は，セキュリティ措置のこの変更による影響を受けません。それゆえ，男性はこの方針を支持しています。

解説

大学の方針に賛成であるという男性の意見をまず述べ，次にその「理由」(R)，「例，詳細」(E) を述べています。

▶ 構成・内容

主題 (M)　new procedures are necessary and justified「新しい措置は必要で正当」

理由 (R) 1　increase in thefts, safety is paramount「盗難の増加，安全が重要」

例，詳細 (E) 1　must not allow chemicals and lab equipment to be used by people who may use them harmfully「化学物質や実験装置を有害な方法で使うかもしれない人に使用させてはならない」

理由 (R) 2　daytime classes will not be affected「日中の授業は影響を受けない」

例，詳細 (E) 2　measures ... only on the weekends and in the evenings「措置は週末と夜間だけ」

結論 (C)　supports this policy「この方針を支持」

▶ 役立つ語彙・表現

話者の意見を述べる：He says that the university must not allow ～ to ...
「大学は～を…させてはならないと，彼は言っている」

多様な表現を使う：paramount

No. 3

課題文の訳　染料および顔料の色の獲得

昔の人々は，植物や動物，鉱物から色を抽出する方法を学びました。彼らは服に色をつけるために「染料」のこれらの色を使い，体に塗るために「顔料」の色を使いました。染料の化学構造が解明されたのは，19世紀の後半になってからでした。そのとき，染料は，繊維に化学的に結びついている複雑な有機物であることが発見されました。対照的に，顔料は，分子がより大きく，塗料のように表面に膜を形成します。

スクリプト　track 51

Now, you need to read a short passage and listen to a talk related to that educational topic. Then, you will need to answer a question concerning these items. There will be 30 seconds of preparation time and 60 seconds for speaking.

Now read the passage from a chemistry textbook. You will have 45 seconds to read the passage. Begin reading now.

Now listen to part of a lecture in a chemistry class.

Today we'll continue to discuss how chemistry has improved our lives. As you've read, dyes and pigments have been used for thousands of years to color the clothes we wear and to color our bodies using things such as make-up.

Ancient dyes for cloth were obtained mostly from natural materials such as leaves, flowers, berries, the stems or roots of plants, and also, in rarer cases from insects and shellfish. For example, yellow, blue, and red were fairly simple to obtain and they were mainly extracted from plants and roots. By contrast, for thousands of years, purple was obtained from shellfish in a very difficult and complex process. Because of the expense and time it took to produce, the color purple was held in high esteem and was used to indicate rank and status in a number of cultures. Today, though, thousands of different dyes we use are industrially produced from only one source—black, sticky crude oil. None of these is very expensive to produce.

Pigments are still widely used in cosmetics, and also to color plastics, ink, paint, food, and other materials. In the past, pigments were obtained from minerals such as iron, sulfur, or semi-precious stones. Unlike dyes, however, pigments are mostly synthetically produced from many different chemicals in the laboratory.

スクリプトの訳

それでは，短い文章を読み，その教育的トピックに関連した講義を聞いてください。その後で，両者に関する質問に答えてください。準備時間は30秒，話す時間は60秒です。

それでは，化学の教科書の文章を読んでください。文章を読む時間は45秒です。それでは，読み始めてください。

それでは，化学の授業における講義の一部を聞いてください。

今日は，化学がどのように私たちの生活を改善してきたか議論を続けます。読んできたように，私たちが着る服に色をつけ，化粧品といったものを使って私たちの体に色をつけるために，染料と顔料は数千年間使われてきました。

布に使う古代の染料は，大部分が葉，花，実，植物の茎や根のような天然素材から，それより珍しいケースでは昆虫と貝類からも得られていました。例えば，黄，青，赤はかなり手に入れやすく，主に草花や根から抽出されていました。対照的に，数千年間，紫は非常に難しくて複雑な過程を経て，貝類から得られていました。製造にかかった費用と時間のため，いくつかの文化圏においては，紫色は尊重され，地位と身分を示すのに用いられました。しかし今日，私たちが使う何千もの異なる染料は，たった1つの資源，すなわち黒い，粘着性の高い原油から工業的に作り出されています。これらのどれも，製造にあまり費用はかかりません。

顔料は今も，化粧品に，また，プラスチック，インク，ペンキ，食物やその他の材料に着色するためにも，広く使われています。過去には，顔料は鉄，硫黄または半貴石などの鉱物から得られていました。しかし，染料とは異なり，顔料は主に製造所で多くの異なる化学物質から合成的に作られています。

設問訳 教授によって論じられた例を使って，染料と顔料の起源を説明してください。

解答例 A 模範解答 track 55

The reading explains that dyes are used to color clothes and that pigments are used to color bodies. This is because dyes are chemically bound to the fibers, but pigments have larger molecules that form a film on a surface. The lecture explains some of these differences in more detail. In the past, dyes were obtained mainly from plants and animals, like leaves and shellfish. Now, they are mainly made from one thing: oil. In the past, pigments were obtained from minerals like iron or sulfur. Now they’re mostly made in the laboratory. Those are the main differences between pigments and dyes that are stated in the reading and the lecture.

訳 課題文は，染料が服に色をつけるのに用いられ，顔料が体に色をつけるのに用いられていることを説明しています。これは，染料は化学的に繊維に結びつきますが，顔料は分子がより大きく，表面に膜を形成するためです。講義は，より詳細にこれらの違いの一部について説明しています。過去には，染料は葉や貝類のような植物や動物から主に得られていました。現在，それらは主に1つのものから作られています。それは石油です。過去には，顔料は鉄や硫黄のような鉱物から得られていました。今はその大部分が製造所で作られています。それらが，課題文と講義で述べられている顔料と染料の主要な違いです。

解説

origin of dyes and pigments「染料と顔料の起源」を，課題文と講義を使って，適切に説明しています。

▶ 構成・内容

主題（M） dyes と pigments の違い
dyes: color clothes, chemically bound to the fibers
「染料：服に色をつける，化学的に繊維に結びつく」
pigments: color bodies, larger molecules
「顔料：体に色をつける，より大きな分子」
起源の違い（P） dyes: plants and animals → oil「染料：動植物 → 石油」
pigments: minerals → laboratory「顔料：鉱物 → 製造所」

▶ 役立つ語彙・表現

説明をしていることを述べる：The reading/lecture explains ...
違いを述べる：Those are the main differences between ～ and ... stated in the reading and the lecture.

解答例 B 模範解答

The lecturer states that pigments originally were made from minerals such as iron and sulfur, whereas dyes were first made from organic substances such as plants, leaves, roots, insects, and shellfish. According to the reading, pigments work like a coat of paint over the surface of the substance. They are used to color our bodies. Dyes, on the other hand, actually penetrate into the substance to change its color. They are used to color the clothes we wear. According to the lecture, purple was very difficult to obtain. The long complex process of getting purple from shellfish meant that purple-dyed cloth was very rare and expensive. He says that now dyes are made industrially using oil as the base. On the other hand, pigments are made in the laboratory using a wide variety of substances.

訳 顔料はもともと鉄や硫黄のような鉱物から作られ，一方，染料は，最初は草花，葉，根，昆虫，貝類のような有機素材から作られたと，講師は述べています。課題文によると，顔料は物質の表面で塗料の膜のような働きをします。それは体に色をつけるために使われます。他方，染料は，物質に実際深く入り込み，物質の色を変えます。それは着る服に色をつけるために使われます。講義によると，紫は，得るのが非常に難しいものでした。貝類から紫を得る長い複雑な過程は，紫に染めた布が非常に珍しくて高価であったことを意味していました。彼は，現在染料はベースとして石油を使って工業的に製造されていると述べています。一方，顔料は，多様な物質を使い製造所で作られています。

解説

染料と顔料の起源を，課題文と講義を使って，適切に説明しています。

▶ 構成・内容

主題（M）　dyes と pigments の違い

起源の違い（P）　pigments : minerals「顔料 : 鉱物」

例（E）　iron, sulfur「鉄，硫黄」

dyes : organic substances「染料 : 有機素材」

例（E）　plants, leaves, roots, insects, and shellfish「草花，葉，根，昆虫，貝類」

pigments : color our bodies, made in the laboratory using a wide variety of substances「顔料 : 体に色をつける，多様な物質を使い製造所で製造」

dyes : color the clothes, made industrially using oil「染料 : 服に色をつける，石油を使って工業的に製造」

▶ 役立つ語彙・表現

説明内容を述べる : The lecturer states that ...
According to the reading/lecture ...

No. 4

スクリプト

Now, you need to listen to a segment of a lecture. Then, you will need to answer a question concerning it. There will be 20 seconds of preparation time and 60 seconds for speaking.

Now listen to part of a lecture in a sociology class.

The study of sociology has had a significant effect on American society. Particularly after World War II, sociology changed from a theoretical study of how societies are constructed to a practical tool used by the government to shape society. For those of you planning to major in sociology, it is important to understand this progression.

The first use of sociology as a tool was to reduce economic inequality. Sociological studies suggested it was important to tax the rich at a higher rate than the middle class or the poor. This way wealth could be more evenly distributed. Sociologists also argued that labor unions were necessary in order to allow workers to band together to negotiate the wages they receive to support their families and create an expanding middle class.

Another important use of sociology has been in integrating society and allowing diverse people to live together. Until the 1960s, Blacks and Whites in the South, for example, were almost entirely separated. Sociologists helped design national policies to integrate Whites and Blacks in American schools in the 1960s so that they studied and grew up together. This integrated U.S. society both culturally and economically. These days, sociologists are heavily involved in the debate about immigration, especially concerning immigrants who lack legal status in the United States and work for low wages. As a tendency, sociologists usually argue for the need to establish policies that allow immigrants to contribute their talents and labor and to become fully integrated socially and economically with other Americans.

So sociology is not just a theoretical academic subject. It helps move society in a positive direction.

それでは，講義の一部を聞いてください。その後で，それに関する質問に答えてください。準備時間は20秒，話す時間は60秒です。

それでは，社会学の授業における講義の一部を聞いてください。

社会学の研究は，アメリカ社会に大きな影響を与えてきました。特に第二次世界大戦後，社会学は，社会がどのように構築されるかという理論的研究から，政府が社会を形成するために使う実践的なツールへと変化しました。社会学を専攻しようと考えている人は，この進展を理解することが重要です。

社会学がツールとして最初に利用されたのは，経済的不平等を減らすことにおいてでした。社会学の研究は，中産階級や貧困層よりも高率で富裕層に課税することが重要であると示唆しました。この方法で，富をより均等に分配することができました。社会学者はまた，労働者が団結して，家族を養うために受け取る賃金を交渉できるようにするため，そして中産階級を拡大させるために，労働組合が必要であると主張しました。

別の社会学の重要な利用法としては，社会を統合して，多様な人々の共生を可能にすることにおいてです。例えば，1960年代まで，南部の黒人と白人は，ほとんど完全に分離されていました。1960年代，白人と黒人が一緒に勉強して成長できるように，彼らをアメリカの学校で統合する国家政策の立案を社会学者は支援しました。このことは，文化的にも経済的にもアメリカ社会を統合させました。最近では社会学者は，移民，特にアメリカで法律上正当な身分がなく，低賃金で働く移民に関する議論にかなり関与しています。傾向として，移民が才能と労働で貢献して，社会的，経済的に他のアメリカ人と完全に統合されることを可能にする政策を定める必要があると，社会学者は通例主張しています。

したがって，社会学は単なる理論的な科目ではありません。社会を良い方向に動かす支援をしているのです。

設問訳 講義の要点や例を用いて，アメリカ社会の形成における社会学の役割を説明してください。

The lecturer shows how sociology can be a tool to help to both decrease inequality and foster integration. Sociologists suggested that by making a policy that taxed wealthy people at a higher rate than others less well off, gaps in economic status could be reduced. Sociologists also argued that supporting the growth of unions would ensure that workers could earn enough money to support their families. In the second part of the lecture, the speaker shows how sociologists helped make policies to integrate White and Black Americans in schools. Now sociologists have turned their attention to the question of immigration to help immigrants integrate more smoothly into society. Thus, sociology is not simply a theoretical subject to study in school. It can help create concrete policies to benefit society.

訳 講師が示しているのは，社会学が不平等の減少と統合の促進を支援するツールにいかになりうるかです。裕福な人々にあまり裕福でない人々より高い率で課税する政策を作ることで，経済的な身分の格差を縮められると，社会学者は示唆しました。組合の発展を支援することは，労働者が家族を養うのに十分なお金を稼げる保証につながることも，社会学者は主張しました。講義の2番目の部分では，学校で白人と黒人のアメリカ人を統合するための政策を立てるのを，社会学者がどのように支援したかを話者は示しています。現在，社会学者は，移民が社会にさらに円滑に溶け込むのを支援するために，移民の問題に注意を向けています。このように，社会学は単に学校で勉強する理論的な科目でありません。それは，社会に資する具体的な政策策定を支援することができるのです。

解説

講義の要点や例を用いて，社会学が経済的不平等を減らし社会的統合を促進するツールになりうることを適切に述べています。

▶ 構成・内容

主題（M） sociology: a tool to help to both decrease inequality and foster integration
「社会学：不平等の減少と統合の促進を支援するツール」

ポイント（P）1 gaps in economic status could be reduced
「経済格差の減少」

例，詳細（E）1 taxed wealthy people「富裕層への課税」，supporting ... unions「組合支援」

ポイント（P）2 make policies to integrate「統合政策の立案」

例，詳細（E）2 White and Black Americans「白人と黒人のアメリカ人」，immigrants「移民」

▶ 役立つ語彙・表現

講義内容を説明する：The lecturer/speaker shows how ...
Sociologists suggested that ...
Sociologists also argued that ...

The lecturer talks about how the role of sociology changed from being mainly an academic subject to becoming a practical tool for social change. Especially after World War II, sociology helped inform social policy in terms of reducing economic inequality and promoting integration. To reduce inequality, the lecturer mentions tax policy and support for labor unions. To promote integration, she talks about policies in the 1960s that let Black and White Americans attend the same schools and get to know each other better. She also talks about integrating recent immigrants so that they can more fully contribute to society. So, as we can see, sociology has changed from being mainly an academic subject to a viable tool to move society in a positive direction.

訳 講師は，社会学の役割が，主に学問的な科目から社会変革のための実践的なツールへといかに変化したかについて語っています。特に第二次世界大戦の後，社会学は経済的不平等を減らし，統合を促進する点に関して，社会政策を形作る支援をしました。不平等を減らすための租税政策と労働組合支援について，講師は言及しています。統合を促進するために，黒人と白人のアメリカ人を同じ学校に通わせ，相互理解を深めさせた1960年代の政策について，彼女は話しています。また，近年の移民がもっと十分に社会に貢献できるように，彼らを溶け込ませることについても話しています。それゆえ，見てのとおり，社会学は主に学問的な科目から，良い方向に社会を動かすための実用的なツールに変化してきました。

解説

講義の要点や例を用いて，社会学の役割が，単なる学問から社会変革のためのツールへといかに変化したかについて適切に述べています。

▶ 構成・内容

主題（M）　the role of sociology: an academic subject
→ a practical tool for social change
「社会学の役割：学問 → 社会変革のための実践的なツール」

ポイント（P）1　reducing economic inequality「経済的不平等の減少」

例，詳細（E）1　tax policy「租税政策」，support for labor unions「労働組合支援」

ポイント（P）2　promote integration「統合の促進」

例，詳細（E）2　Black and White Americans「黒人と白人のアメリカ人」，immigrants「移民」

▶ 役立つ語彙・表現

講義内容を説明する：The lecturer talks about ...
the lecturer mentions ...

Final Test 2

■解答・解説 p. 252 ～ 271

No. 1 track 57

If you choose a new roommate, which of the following qualities do you think is the most important: (1) friendliness, (2) quietness, or (3) cleanliness? Use reasons and examples to explain your choice.

Preparation time: 15 seconds
Response time: 45 seconds

No. 2 track 58

Reading time: 45 seconds

Change in Bookstore Buy-Back Policy

Effective immediately, the college bookstore will no longer buy back used textbooks at the end of the semester, unless the books are in nearly new condition. This change has been made necessary because of the limited amount of space on the bookstore's shelves. The sudden increase in course offerings, due to rising student enrollment over the past two years, means that additional textbooks for these courses must now be stocked. Therefore, there is only room for textbooks which are new or in nearly new condition. The buy-back period for such textbooks will remain the same: within two weeks of the end of the term.

The woman expresses her opinion about the university bookstore's new policy. State her opinion and explain the reasons she gives for holding that opinion.

Preparation time: 30 seconds
Response time: 60 seconds

No. 3 

Reading time: 45 seconds

Power from Steam

The 19th-century application of steam power to land and water transportation changed the world for the better. It increased social mobility by allowing people to go to places they had never traveled before, and it also expanded trade by facilitating the efficient movement of goods. Therefore, it had a positive impact on migration and trade. First, steam-powered ships navigated oceans and rivers to bring both immigrants and manufactured goods to their destination in much less time. Second, railroads similarly carried people and products across large areas of land much more efficiently and cheaply than ever before. This expanded national markets and greatly contributed to economic growth.

Using examples from the lecture, explain how in the 19th century steam power improved transportation and changed the world for the better.

Preparation time: 30 seconds
Response time: 60 seconds

No. 4 track 60

Using points and examples from the lecture, explain how stress affects human health and how stress can be reduced.

Preparation time: 20 seconds
Response time: 60 seconds

Final Test 2 解答解説

No. 1

▶問題 p. 248 ~ 251

スクリプト　track 57

Now, you need to state your opinion about a general topic. There will be 15 seconds of preparation time and 45 seconds for speaking.

スクリプトの訳

それでは，一般的なトピックについて意見を述べてください。準備時間は15秒，話す時間は45秒です。

設問訳 もしあなたが新しいルームメートを選ぶなら，次のどの資質が最も重要だと思いますか：(1) 友好的であること，(2) 静かであること，(3) きれい好きであること。理由と例を挙げてあなたの選択を説明してください。

解答例 A 模範解答　track 61

I definitely think friendliness is the most important when selecting a roommate. First, if a roommate is friendly, he or she is fun to be with. As a result, that makes living together more enjoyable. Second, friendliness is important because roommates spend a lot of time together in a small space. It's easy for them to have a conflict and become irritated with each other. However, if they are friendly, it helps them solve problems together. For example, in my first year in university I had a roommate, Hiroki, and we sometimes bothered each other, but because we were friends we could always solve any problems we had. (So, all in all, in my opinion, the quality of friendliness is by far the most important.)

訳 ルームメートを選ぶときは，絶対に友好的であることが最も重要だと思います。第1に，ルームメートが友好的であれば，彼もしくは彼女は一緒にいて楽しい人です。その結果，一緒に生活することがより楽しくなります。第2に，友好的であることが重要なのは，ルームメートは狭い空間で長時間一緒に過ごすからです。衝突したり，お互いに腹を立てたりすることが起こりがちです。しかし，ルームメートが友好的であれば，一緒に問題を解決する助けとなります。例えば，大学1年のとき，ヒロキというルームメートがいて，ときにはお互いを困らせることもありましたが，友達だったので，私たちはどんな問題でもいつでも解決できました。（したがって，概して私の意見では，友好的であるという資質が断然最も重要です）

解説

まず「友好的であることが最も重要」と述べ，次に「理由」（R），「例，詳細」（E）を述べています。「理由」（R）として，「一緒にいて楽しい」「狭い空間に長時間一緒だが，問題があっても解決できる」と述べています。また残り時間があれば，「結論」（C）を述べることができます。
definitely, by far を使って意見を強調しています。さらに，I think を in my opinion で言い換えています。

▶構成・内容

主題（M） friendliness is the most important「友好的であることが最も重要」
　理由（R）1 fun to be with「一緒にいると楽しい人」
　　例，詳細（E）1 makes living together more enjoyable
　　「一緒の生活がより楽しい」
　理由（R）2 spend a lot of time together in a small space, solve problems together
　「狭い空間で長時間一緒に過ごす，一緒に問題を解決する」
　　例，詳細（E）2 my first year in university, we could always solve any problems
　　「大学1年のとき，どんな問題でもいつでも解決できた」
結論（C） the quality of friendliness is ... the most important「友好的という資質が最も重要」

▶役立つ語彙・表現

意見を強調する：I definitely think ...
　the quality of friendliness is by far the most important
多様な表現にする：in my opinion, the quality of friendliness is ...
接続語句（T）：first, as a result, second, however, for example, so, all in all

解答例 B 模範解答

If I have to pick a roommate, I strongly believe the quality of cleanliness is the most important. There are two reasons. To begin with, I'm personally a very clean person. It bothers me if my room is messy or dirty. Therefore, I want a roommate who keeps her clothes picked up and our room clean. Furthermore, at university, dorm rooms are small, so I want my room to be cozy and tidy. Rooms already have two beds and two desks. If my roommate doesn't keep the room picked up, there won't be any space to live in. That's why cleanliness is the number one quality in a roommate. (In comparison, friendliness or quietness is not very important.)

訳 もしルームメートを選ばなければならないとしたら，きれい好きであるという資質が最も大切だと強く思います。理由は2つあります。まず，自分自身がとてもきれい好きな人間だからです。自分の部屋が散らかっていたり汚かったりすると，気になってしまいます。そのため，常に自分の服を片づけ，部屋を清潔にするルームメートが望ましいです。さらに，大学の寮の部屋は狭いので，部屋は居心地良く整頓された状態であってほしいです。部屋にはすでにベッドが2つ，机が2つあります。もしルームメートが常に部屋を片づけていないとなると，生活スペースがなくなってしまいます。そのため，きれい好きであることがルームメートに求める最優先の資質です。（それに比べれば，友好的であることや静かであることはそれほど重要ではありません）

解説

まず「きれい好きであるという資質が最も大切」と述べ，次に「理由」（R），「例，詳細」（E）を述べています。「理由」（R）として，「自分がきれい好き」「部屋が狭いので片づいた状態であってほしい」と述べています。最後に「結論」（C）を述べます。結論の後で補足として「それに比べれば…」という1文を加えています。時間に余裕があればこのような表現をするのもよいでしょう。

strongly を使い意見を強調しています。また，If I have to pick ...，the number one quality という設問にはない表現を使って，言い換えができることを示しています。

▶ 構成・内容

主題（M） cleanliness is the most important「きれい好きであることが最も大切」

理由（R）1 I'm ... a very clean person「自分はとてもきれい好き」

例，詳細（E）1　It bothers me if my room is messy or dirty
「部屋が散らかっていたり汚かったりすると気になる」

理由（R）2　dorm rooms are small, so I want my room to be cozy and tidy
「寮の部屋は狭いので，部屋は居心地良く整頓された状態であってほしい」

例，詳細（E）2　Rooms ... have two beds and two desks
「部屋にはベッドが2つ，机が2つある」

結論（C）cleanliness is the number one quality「きれい好きが最優先の資質」
(friendliness or quietness is not very important)
（「友好的であることや静かであることはあまり重要ではない」）

▶役立つ語彙・表現

自分の意見を述べる：I ... believe the quality of cleanliness is ...
It bothers me if ...
I want my room to be cozy ...

意見を強調する：I strongly believe ...

多様な表現にする：If I have to pick a roommate, I ...
I'm personally a very clean person
cleanliness is the number one quality in a roommate

接続語句（T）：to begin with, therefore, furthermore, that's why, in comparison

No. 2

課題文の訳 書店の買い取り方針の変更

今後大学の書店は，ほぼ新品の状態でない限り，学期末に中古の教科書の買い取りをいたしません。書店の棚のスペースが限られているため，この変更が必要になりました。過去 2 年間増加している入学者数のため，開講科目数が急増したということは，これらの科目で追加された教科書の在庫が現在なければならないことを意味します。したがって，新品かほとんど新品の状態である教科書のためのスペースしかありません。そのような教科書の買い取り期間は，これまでと同じで，学期末の 2 週間です。

スクリプト track 58

Now, you need to read a short passage and listen to a conversation related to that topic. Then, you will need to answer a question concerning these items. There will be 30 seconds of preparation time and 60 seconds for speaking.

The university bookstore will change its buy-back policy. Read the announcement about the new policy. You will have 45 seconds to read the announcement. Begin reading now.

Now listen to two students discussing the announcement.

W : I'm not very happy about this new textbook buy-back policy.

M : Why not? You can still sell back your used textbooks at the end of the semester.

W : Not with this new policy.

M : Oh, you mean because you take lots of notes in your books, right?

W : Sure. How else can you study effectively for your classes?

M : Yeah. I take a lot of notes in my textbooks, too.

W : And if you think about it, my notes might actually be helpful to others taking the course, right?

M : I see what you mean. But it's true that there *are* a lot of new courses being offered. The bookstore doesn't have unlimited space. They need to stock the textbooks for those courses, too.

W : Fair enough. But, you know, if the university is starting to accept so many more new students, they should use some of the extra tuition to pay for an expansion of the bookstore.

M : That's a good point. If they had more space, they'd be able to stock more used books, too, wouldn't they?

スクリプトの訳

それでは，短い文章を読み，そのトピックに関連した会話を聞いてください。その後で，両者に関する質問に答えてください。準備時間は30秒，話す時間は60秒です。

大学の書店は買い取り方針を変更します。新しい方針に関する通知を読んでください。通知を読む時間は45秒です。それでは，読み始めてください。

それでは，通知について話している 2 人の学生の会話を聞いてください。

W：この教科書の新しい買い取り方針にはちょっと不満ね。
M：どうして？　使った教科書を学期末に売ることはまだできるでしょ。
W：この新しい方針では無理よ。
M：ああ，本にたくさんメモしているからということ？
W：そうよ。他にどうやって授業のために効果的な勉強ができる？
M：そうだね。僕も教科書にたくさんメモしているよ。
W：それに考えてみれば，私のメモは実際他の受講者の役に立つかもしれないでしょ？
M：なるほどね。でも，新しく開講されている科目がたくさんあるのは事実だよ。書店には無限のスペースがあるわけじゃないんだ。そういった科目の教科書をストックしておくことも必要だよ。
W：まあそうね。だけど，ほら，もし大学がさらにたくさんの新入生を受け入れ始めているなら，追加で入る授業料の一部を書店の拡張費用に充てるべきよ。
M：それはそうだね。もっとスペースがあれば，中古の本ももっとストックできるよね。

設問訳 女性は，大学の書店の新しい方針について意見を述べています。彼女の意見を述べ，その意見について彼女が挙げている理由を説明してください。

解答例 A 模範解答 track 62

The woman disagrees with the announcement about the college bookstore's textbook buy-back policy. Previously, students were able to sell their textbooks at the end of the semester, even if they had written notes in them, but now the bookstore will only buy them if they are in nearly new condition. Because she writes many notes in her textbooks, she won't be able to sell them back. Actually, though, she thinks that her notes might even be useful to other students who take the course after her. She also points out that the university is now enrolling more students, so some of the additional tuition should be used to expand the bookstore. That way there'll be enough space for not only textbooks needed for new courses but also used textbooks that have been written in.

訳 女性は，大学の書店の教科書買い取り方針に関する通知に反対しています。以前は，学生は教科書に書き込んだメモがあっても学期の終わりに売ることができましたが，今は書店はほぼ新品の状態にある場合のみ教科書を買い取ります。彼女は教科書に多くのメモを取るため，売ることができません。しかし，実際には，彼女のメモは，彼女の後にその科目を履修する他の学生に役立ちさえするかもしれないと彼女は考えています。彼女はまた，大学が今，より多くの学生を入学させているのだから，追加分の授業料の一部は書店の拡張に使われるべきだと指摘しています。そうすれば，新しい科目に必要な教科書だけではなく，書き込みのある中古の教科書にも十分なスペースをとれます。

解説

まず女性の「教科書買い取り方針に関する通知に反対」との意見を述べ，その「理由」(R) と「例，詳細」(E) を挙げています。

▶ 構成・内容

主題 (M)　disagrees with ... the college bookstore's textbook buy-back policy
「大学の書店の教科書買い取り方針に反対」

理由 (R) 1　writes many notes → won't be able to sell
「多くのメモを書いている→売れないだろう」

例，詳細 (E) 1　her notes might ... be useful to other students
「メモは他の学生に役立つかもしれない」

理由 (R) 2　additional tuition should be used to expand the bookstore
「追加分の授業料は書店の拡張に使われるべき」

例，詳細 (E) 2　enough space for not only textbooks needed for new courses but also used textbooks
「新しい科目に必要な教科書だけでなく中古の教科書にも十分なスペース」

▶ 役立つ語彙・表現

意見を述べる：The woman disagrees with the announcement about ...
「女性は…に関する通知に反対」

 解答例 **B** 模範解答

The woman is not happy with the university bookstore's new policy about buying used textbooks. Because of the new policy, she can't sell her books to the bookstore. The reason is she had written notes in her textbooks. The bookstore only wants used books that are close to being in new condition. She thinks that other students probably could benefit from reading her notes. In addition, she would like the university to expand the size of the bookstore, using some of the additional tuition money it is getting from the increased enrollment of students. That way there should be enough space for both new textbooks and used ones, even if some of the used ones have been written in.

訳 女性は，中古の教科書の買い取りに関する大学の書店の新しい方針を快く思っていません。新しい方針のため，彼女は自分の本を書店に売ることができません。それは教科書に書き込んだメモがあったためです。書店は，新品に近い状態の中古の本だけを求めています。他の学生は彼女のメモを読むことで恩恵を受ける可能性があると彼女は考えています。さらに，彼女は大学が入学者数の増加から得ている追加分の授業料の一部を使って，書店の規模を拡大することを望んでいます。そうすれば，中古の教科書の一部に書き込みがあったとしても，新しい教科書と中古の教科書の両方のための十分なスペースができるはずです。

解説

まず女性の「新しい教科書買い取り方針を快く思わない」との意見を述べ，その「理由」（R）と「例，詳細」（E）を述べています。

▶ 構成・内容

主題（M） not happy with the university bookstore's new policy about buying used textbooks
「中古の教科書の買い取りに関する大学の書店の新しい方針を快く思わない」

理由（R）1 can't sell her books ... written notes「メモのある本は売れない」

例，詳細（E）1 other students ... benefit from reading her notes
「他の学生はメモを読むことで恩恵を受ける」

理由（R）2 would like the university to expand ... the bookstore, using ... additional tuition money
「大学に追加分の授業料を使い書店の拡張をしてほしい」

例，詳細（E）2 should be enough space for both new textbooks and used ones
「新しい教科書と中古の教科書両方のための十分なスペースができるはず」

▶ 役立つ語彙・表現

意見を述べる：The woman is not happy with ...
「女性は…を快く思っていない」

No. 3

課題文の訳 **蒸気動力**

19 世紀に陸上および水上輸送に蒸気動力を適用したことで，世界はより良い方向に変化しました。これにより，人々はそれまで行ったことのない場所に行けるようになり，社会的流動性が高まりました。また，物資の効率的な移動が促進されて取引が拡大しました。したがって，それは移住と取引にプラスの影響を与えました。第1に，蒸気動力の船が海や川を航行し，移民と工業製品の両方をはるかに短い時間で目的地に運びました。第2に，鉄道も同様に，かつてより格段に効率的で安価に広大な陸地を横断して人や製品を運びました。このことが国内市場を拡大させ，経済成長に大きく貢献しました。

スクリプト

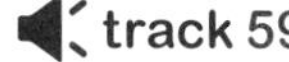

Now, you need to read a short passage and listen to a talk related to that educational topic. Then, you will need to answer a question concerning these items. There will be 30 seconds of preparation time and 60 seconds for speaking.

Now read the passage about steam power. You will have 45 seconds to read the passage. Begin reading now.

Now listen to part of a lecture in a history class.

We often hear about the advantages of steam power and how it changed the world for the better in the 19th century. Today I'll lecture on the impact of steam power on the transportation of people and products, focusing specifically on water and land transportation.

First of all, before the invention of the steam engine, water-based transportation used sailing ships or flatboats. Both of these were at the mercy of the physical environment. If there was little or no wind, or if the wind was coming from the wrong direction, vessels that used sails couldn't move easily. In fact, they could be stuck for days. Similarly, for flatboats on rivers it was very difficult to move against the prevailing water currents, so movement upstream was severely limited. With the advent of steam-powered ships, however, wind strength and direction and water currents in rivers were no longer an issue. Steam ships could leave on schedule and arrive at a predictable time, regardless of prevailing wind or water flow.

Railroads played an even bigger role in the steam-powered transportation revolution. For example, during the last 50 years of the 19th century in the United States, the rail network expanded from about 15,000 kilometers in 1850 to over

300,000 kilometers by 1900. People could easily move from one area to another area of the country. Products produced by factories on the East Coast could be shipped to the West Coast and dropped off at all points in between. In other words, people and commodities could reach previously inaccessible areas, and for a fraction of the cost.

So not only was steam power an important step forward technologically, but it also greatly benefited society in the transportation of people and goods, resulting in increased economic growth.

スクリプトの訳

それでは，短い文章を読み，その教育的トピックに関連した講義を聞いてください。その後で，両者に関する質問に答えてください。準備時間は30秒，話す時間は60秒です。

それでは，蒸気動力についての文章を読んでください。文章を読む時間は45秒です。それでは，読み始めてください。

それでは，歴史の授業における講義の一部を聞いてください。

蒸気動力の利点と，それが19世紀にいかに世界をより良い方向に変化させたかについて，私たちはよく耳にします。今日は，特に水上および陸上輸送に焦点を合わせて，人や製品の輸送に対する蒸気動力の影響について講義します。

まず初めに，蒸気機関が発明される前は，水上輸送は帆船または平底船を使用していました。これらは両方とも，物理的環境に翻弄されました。風がほとんどまたはまったくない場合，あるいは風が適していない方向から吹いている場合，帆を使用する船は容易に動くことができませんでした。実際，それらは何日も立ち往生する可能性がありました。同様に，川の平底船の場合，強い水流に逆らって進むことは非常に困難であったため，上流に進むことは非常に制限されていました。しかし，蒸気動力で動く船の出現により，風の強さと方向，および川の水流はもはや問題ではなくなりました。蒸気船は，強い風や水の流れに関係なく，予定どおり出発し，予測どおりの時間に到着することができました。

鉄道は，蒸気動力による輸送革命において，さらに大きな役割を果たしました。例えば，アメリカでは 19世紀の後半の50年間で，鉄道網は1850年の約15,000 kmから，1900年までには300,000 km以上に拡大しました。人々は，国内のある地域から別の地域へ容易に移動することができました。東海岸の工場で生産された製品は，西海岸に向けて出荷され，その間のすべての地点で製品を降ろすことができました。言い換えれば，人や商品は，以前アクセスできなかった地域に，それもわずかなコストで，到達できるようになりました。

ゆえに，蒸気動力は技術的進歩の重要な1つの段階であっただけではなく，人や物資の輸送において社会に大きな利益をもたらし，結果として経済成長を促進しました。

設問訳 講義で挙げられた例を使って，19世紀に蒸気動力がいかに輸送を改善し，世界をより良い方向に変化させたかを説明してください。

解答例 A 模範解答 track 63

The reading states that the development of steam power changed the world for the better by making it easier to transport people and goods. In the lecture, the professor agrees and points out improvements in both water and land transportation to support his claim. First of all, boats powered by steam didn't have to depend upon either the strength or the direction of the wind to move. They could even travel upstream against a river's current. Secondly, the professor discusses the significantly expanded railroad network. Because of the railroads, people could easily migrate to areas they'd never been able to access before. Also, commodities could be transported much more cheaply over much greater distances. Therefore, society was able to benefit from steam power in terms of advances in both water and land transportation.

訳 課題文は，蒸気動力の発達が，人や物資の輸送を容易にすることで，世界を良い方向に変化させたと述べています。講義の中で，教授は同意し，自身の主張を裏づけるために，水上および陸上輸送の改善を指摘しています。まず第1に，蒸気を動力とする船は，動くのに風の強さや方向に頼る必要はありませんでした。川の流れに逆らって上流に行くことさえできました。第2に，教授は大幅に拡大された鉄道網について論じています。鉄道のおかげで，人々はそれまでアクセスできなかった地域に容易に移住することができるようになりました。また，商品ははるかに長い距離をずっと安い費用で輸送できるようになりました。したがって，社会は水上および陸上輸送の両方の進歩という点で，蒸気動力の恩恵を受けることができました。

解説

最初に課題文の「主題」(M) として，「蒸気動力の発達が，人や物資の輸送を容易にして，世界を良い方向に変えた」ことを述べ，教授はその見解に同意していることを明示しています。次に，講義で言及された「水上および陸上輸送の改善」について述べ，最後に「社会は蒸気動力の恩恵を受けた」と結論づけています。

▶ 構成・内容

主題 (M)　Reading: development of steam power changed the world for the better by making it easier to transport people and goods

「課題文：蒸気動力の発達が人や物資の輸送を容易にして，世界を良い方向に変化させた」

Lecture: the professor agrees「講義：教授は同意」

improvements in both water and land transportation

「水上および陸上輸送の改善」

ポイント（P）

1. boats powered by steam didn't have to depend upon ... the wind

「蒸気船は風に頼る必要がなかった」

2. expanded railroad network, people could easily migrate, commodities could be transported ... cheaply over much greater distances

「拡大された鉄道網，人々は容易に移住，商品は長距離を安く輸送」

結論（C） society ... benefit from steam power「社会は蒸気動力の恩恵を受けた」

▶ 役立つ語彙・表現

課題文と講義の関係を説明する：The reading states that ... In the lecture, the professor agrees and points out ...「課題文は…と述べている。講義の中で，教授は同意し，…を指摘している」

Both the reading and the lecture share the same opinion about the positive impact that steam-powered machines had on both water-based and land-based transportation. First, the lecture points out that ships were no longer dependent on wind conditions. Steam engines allowed them to travel anywhere, regardless of the weather conditions. They could even move upstream against the current. Next, the rapid expansion of railroad networks in the latter part of the 19th century made it possible for both people and goods to be transported to locations they had not been able to access before, and for a lower cost. Because of this, society could benefit from the improved transportation brought about by the introduction of steam engines, both on water and on land.

訳 課題文と講義はいずれも，蒸気動力機械が水上および陸上輸送の両方に与えたプラスの影響について同じ意見を共有しています。第1に，講義は，船はもはや風の状況次第ではなかったことを指摘しています。蒸気機関のおかげで，天候に関係なく，どこにでも船は行くことができました。それらは流れに逆らって上流に行くことさえできました。次に，19 世紀後半の鉄道網の急速な拡大により，それまでアクセスできなかった場所に，人も物もより安価に輸送できるようになりました。このため，水陸両方で，蒸気機関の導入によってもたらされた輸送の改善により，社会は恩恵を受けることができました。

解説

最初に「主題」（M）として，「課題文と講義は，蒸気動力が水陸の輸送に与えたプラスの影響について同じ意見である」ことを述べています。次に，講義が挙げた「船が風の状況次第ではなかった」こと，「鉄道網の拡大で行けなかった場所へ安く輸送できた」ことに言及しています。最後に「結論」（C）として，「蒸気機関による輸送の改善で，社会は恩恵を受けた」ことを述べています。

▶ 構成・内容

主題（M） the reading and the lecture share the same opinion
「課題文と講義は同じ意見」
positive impact that steam-powered machines had on both water-based and land-based transportation
「蒸気動力機械が水陸の輸送に与えたプラスの影響」

ポイント（P）

1. ships were no longer dependent on wind conditions
「船はもはや風の状況次第ではなかった」
2. expansion of railroad networks
people and goods to be transported ... not been able to access before, and for a lower cost
「鉄道網の拡大，行けなかったところに人と物が安く輸送された」

結論（C） society could benefit from the improved transportation ... steam engines ... on water and on land
「水陸で蒸気機関による輸送の改善から社会は恩恵を受けた」

▶ 役立つ語彙・表現

課題文と講義の関係を説明する：Both the reading and the lecture share the same opinion about ...
「課題文と講義は，…について同じ意見を共有している」

No. 4

スクリプト track 60

Now, you need to listen to a segment of a lecture. Then, you will need to answer a question concerning it. There will be 20 seconds of preparation time and 60 seconds for speaking.

Now listen to part of a lecture in a health class. The professor is discussing the effect of stress on the body.

Some degree of stress is normal and can even be beneficial. But excessive stress is connected to many health problems. Today I'd first like to examine this connection between stress and health, and then suggest some possible ways of reducing stress.

To begin with, let's look at how stress can negatively affect the body and the mind. A good example of how stress and physical health are related is heart disease. Stress speeds up the heart rate. It also increases blood pressure, which puts extra strain on blood vessels and greatly increases the chances of a heart attack. In addition, stress can be a huge factor in mental health. It has been proven that when the brain is under severe stress, fewer neurons are produced. Because of this, information may not flow normally within the brain, something that can eventually lead to poor mental health.

All right. So given that stress negatively influences physical and mental health, what can be done to reduce it? Of course, there are powerful, mood-altering medicines available, but these are potentially addictive and frequently have harmful side effects. A safer alternative for treating stress is relaxation training. Deep breathing exercises and meditation techniques, like those you use when you practice yoga, for example, can really help to quiet the mind and counteract the body's negative reaction to stress. Combined with a program of regular physical exercise, these techniques can be the safest and most effective way of maintaining both physical and mental health.

スクリプトの訳

それでは，講義の一部を聞いてください。その後で，それに関する質問に答えてください。準備時間は20秒，話す時間は60秒です。

それでは，保健の授業における講義の一部を聞いてください。教授はストレスが身体に及ぼす影響について論じています。

ある程度のストレスは正常であり，有益な場合さえもあります。しかし，過度のストレスは多くの健康問題につながります。今日は，まずストレスと健康のこの関係を検討して，その次に可能なストレス軽減方法をいくつか提案したいと思います。

まず，ストレスが体と心にどのように悪影響を与えることがあるかを見てみましょう。ストレスと体の健康がどのように関連しているかを示す良い例は心臓病です。ストレスは心拍数を上げます。また，血圧を上昇させ，それにより血管に余分な負担がかかり，心臓発作の可能性を大幅に高めます。さらに，ストレスは心の健康において大きな要因となる可能性があります。脳が極度のストレスを受けている場合，産生されるニューロンが減少することが証明されています。このため，脳内で情報が正常に流れなくなり，最終的に精神的な不調につながる可能性があります。

はい。それでは，ストレスが身体的および精神的健康に悪影響を与えるとすると，それを軽減するために何ができるでしょうか？　もちろん，気分を変える強力な薬はありますが，依存性の危険があり，しばしば有害な副作用があります。ストレスに対処するためのより安全な代替手段は，リラクセーション・トレーニングです。例えばヨガをするときに使用するような深呼吸エクササイズや瞑想テクニックは，心を落ち着かせ，ストレスに対する体の良くない反応を阻止するのに本当に役立ちます。定期的な運動プログラムと組み合わせると，これらのテクニックは，身体と精神の両方の健康を維持する最も安全で効果的な方法になることが可能です。

設問訳 講義の要点と例を用いて，ストレスがどのように人間の健康に影響を及ぼすか，またどのようにストレスを軽減できるかを説明してください。

解答例 A 模範解答 track 64

The lecturer describes the close relationship between excessive stress and health and proposes some possible ways to reduce stress. He begins by giving specific examples of how stress can negatively impact a person's well-being, both physically and mentally. Stress has been shown to be a significant factor in heart disease, because it raises the heart rate and increases blood pressure. Stress also can play a role in mental health, since the brain tends to produce fewer neurons when under severe stress, which affects the flow of information within the brain. He then goes on to suggest ways of reducing stress that don't involve mood-altering medicines which can often have negative side effects. He proposes relaxation techniques to relieve stress, like those used in yoga, especially combined with regular physical activity.

訳 講師は過度のストレスと健康の密接な関係について説明し，ストレスを軽減するために可能な方法を提案しています。彼は，身体的にも精神的にも，どのようにストレスが人の健康に悪影響を与えうるかについて，具体的な例を挙げることから始めています。ストレスは心拍数を上げ，血圧を上昇させるため，心臓病の重要な要因であることが明らかにされています。ストレスは精神の健康にも作用する可能性があります。なぜなら脳は，極度のストレスを受けると，ニューロンの産生が少なくなりがちで，そのことが脳内の情報の流れに影響を与えるからです。次に彼は，有害な副作用をしばしば引き起こす可能性のある気分を変える薬を使わずに，ストレスを軽減する方法を提案しています。彼は，特に定期的な運動と組み合わせて，ヨガで使用されるようなストレスを解消するリラクセーション・テクニックを提案しています。

解説

講義の要点や例を用いて，「ストレスと健康の密接な関係」すなわち「ストレスが体と心の健康に与える悪影響」，および「ストレスの軽減方法」を説明しています。

▶ 構成・内容

主題（M） close relationship between excessive stress and health, proposes ... ways to reduce stress
「過度のストレスと健康の密接な関係，ストレス軽減方法を提案」

ポイント（P）1 stress can negatively impact a person's well-being, both physically and mentally「ストレスが体と心の健康に悪影響を与えうる」

例，詳細（E）1 heart disease「心臓病」
mental health「精神の健康」

ポイント（P）2 ways of reducing stress「ストレスの軽減方法」

例，詳細（E）2 medicines, negative side effects
「薬，有害な副作用あり」
relaxation techniques, with regular physical activity
「リラクセーション・テクニックと定期的な運動」

▶ 役立つ語彙・表現

関連を表す：close relationship between ～ and ...「～と…の密接な関係」
can negatively impact ...「…に悪影響を与えうる」

The speaker explains that stress can lead to health problems, both physical and mental ones. Stress increases blood pressure, and the extra strain that high blood pressure puts on blood vessels can increase the chance of a heart attack. Stress can also cause poor mental health, because the neural connections in the brain don't carry information as smoothly as they normally do. The lecturer then talks about treating stress with medicines. He points out that these medicines can become addictive and many times have negative side effects. He says that a better way to reduce stress is through some type of relaxation-focused activity, like breathing exercises. These allow the person to calm down naturally. So this might be the safest and most effective way to deal with stress.

訳 ストレスは身体的および精神的な健康問題につながる可能性があると，話者は説明しています。ストレスは血圧を上昇させ，高血圧が血管に与える余分な負担は，心臓発作の可能性を高めるかもしれません。脳内の神経の接続が通常のようにスムーズに情報を伝達しないため，ストレスは精神的な不調を引き起こす可能性もあります。次に講師は，薬でストレスの治療をすることについて話しています。これらの薬には依存性があることもあり，有害な副作用があることが多いと，彼は指摘しています。それより良いストレスの軽減方法は，呼吸エクササイズのような一種のリラクセーションに焦点を合わせた取り組みを行うことだと彼は述べています。それにより，人は自然に落ち着くことができます。したがってこれは，ストレスに対処する最も安全で効果的な方法かもしれません。

解説

教授が「ストレスは身体的，精神的な健康問題につながる可能性がある」と指摘していることを述べ，具体的な健康問題と提案されたストレス軽減方法を説明しています。

▶ 構成・内容

主題（M）　stress can lead to health problems
「ストレスは健康問題につながる可能性がある」

ポイント（P）1　stress ... physical and mental ones (health problems)
「ストレスと身体的および精神的健康問題」

例，詳細（E）1　increase the chance of a heart attack「心臓発作の可能性を高める」，poor mental health「精神的な不調」

ポイント（P）2　treating stress「ストレスの対処」

例，詳細（E）2　medicines, addictive, negative side effects
「薬，依存性，有害な副作用」
relaxation, breathing exercises
「リラクセーション，呼吸エクササイズ」

▶ 役立つ語彙・表現

述べている内容を表す：He points out that ...「彼は…を指摘している」

TOEFL®テスト大戦略シリーズ

自分に合った参考書を選んで，目標スコアを獲得しよう！

iBT対応 英語力に自信がなく，基礎から力をつけたいなら	**⓪ 超基礎からのTOEFL®テスト入門**  アゴス・ジャパン　岡田徹也，松園保則 著 定価：1,980円（本体1,800円＋税10%）

パソコンで体験できる！Web模試＋ダウンロードコンテンツ特典付

iBT対応 試験形式を知りたい，模試を解きたいなら	**❶ はじめてのTOEFL®テスト完全対策** Paul Wadden，Robert Hilke，松谷偉弘 著 定価：2,530円（本体2,300円＋税10%）　音声ダウンロード付

ダウンロードコンテンツ特典付

iBT&ITP対応 ボキャブラリー対策をしたいなら	**❷ TOEFL®テスト英単語3800**  神部 孝 著　定価：2,530円（本体2,300円＋税10%） **❸ TOEFL®テスト英熟語700**  神部 孝 著　定価：1,980円（本体1,800円＋税10%）

パソコンで体験できる！Web模試特典付

iBT対応 セクションごとに試験対策をしたいなら	**❹ TOEFL®テスト リーディング問題270** 田中真紀子 著　定価：2,310円（本体2,100円＋税10%） **❺ TOEFL®テスト リスニング問題**　音声ダウンロード付 喜田慶文 著　定価：2,640円（本体2,400円＋税10%） **❻ TOEFL®テスト スピーキング問題**　音声ダウンロード付 島崎美登里，Paul Wadden，Robert Hilke 著 定価：2,640円（本体2,400円＋税10%） **❼ TOEFL®テスト ライティング問題100**  Paul Wadden, Robert Hilke, 早川幸治 著 定価：2,310円（本体2,100円＋税10%）
iBT対応 本番形式の模試を何度も解きたいなら	**❽ TOEFL iBT®テスト本番模試** 旺文社 編 定価：3,080円（本体 2,800円＋税10%） 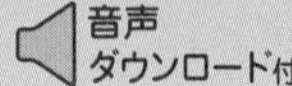